O Poder dos Clãs Ciganos

O Livro dos Encantamentos

Marcelo Ruiz e
Solange Magrin Ruiz

O Poder *dos* Clãs Ciganos

O Livro dos Encantamentos

MADRAS®

Editor:
Wagner Veneziani Costa

Produção e Capa:
Equipe Técnica Madras

Revisão:
Arlete Genari
Lara Belinski Rastelli

Dados Internacionais de Catalogação na Publicação (CIP)
(Câmara Brasileira do Livro, SP, Brasil)

Ruiz, Marcelo
O poder dos clãs ciganos: o livro dos encantamentos/Marcelo Ruiz, Solange Magrin Ruiz. – São Paulo: Madras, 2011.
Bibliografia.

ISBN 978-85-370-0660-3

1. Encantamentos 2. Magia cigana 3. Ocultismo
4. Rituais I. Ruiz, Solange Magrin. II. Título.

11-01373 CDD-133.44

Índices para catálogo sistemático:
1. Encantamentos ciganos: Ocultismo 133.44

MADRAS EDITORA LTDA.
Rua Paulo Gonçalves, 88 — Santana
CEP: 02403-020 — São Paulo/SP
Caixa Postal: 12183 — CEP: 02013-970
Tel.: (11) 2281-5555 — Fax: (11) 2959-3090
www.madras.com.br

Índice

Primeira Parte – O Poder dos Clãs Ciganos

Segunda Parte – Oráculo Cigano com Cristais

Terceira Parte – Chás, Banhos e Elixires do Clã Cigano da Cura

Primeira Parte

O Poder dos Clãs Ciganos

Apresentação

Queridos leitores,

Por meio desta obra estamos trazendo ao conhecimento de todos vocês um magnífico manual cigano de como resolver qualquer tipo de situação, questões de saúde ou problemas espirituais e energéticos que estão interferindo no bom desempenho de sua vida diária, apenas utilizando os conhecimentos milenares que os Clãs Ciganos de Luz do Astral trazem até vocês.

Esses conhecimentos vêm por meio de encantamentos ciganos para os mais diversos casos e necessidades e também mostram como utilizar seu potencial mental e por meio dessa energia criar uma fonte inesgotável de sabedoria e poder, e que, ao se unirem (encantamentos ciganos e potencial mental), possam solucionar qualquer problema, seja de ordem emocional, física, mental, profissional, financeira e espiritual.

Também vocês contarão com os conhecimentos da Shuvani Sarita, do Clã de Cura, em que ela ensina muitas receitas caseiras de banhos, elixires, chás e orações ciganas, para aliviar dores e febres; dar ânimo e tirar as tensões, entre outras receitas maravilhosas.

E, claro, terão o auxílio de um dos oráculos ciganos mais encantadores que é a leitura por meio dos cristais. Aqui está totalmente exemplificado como jogar esse oráculo com muita precisão e ainda se beneficiar com as qualidades energéticas dos cristais que, além de dizerem o futuro, ainda limpam, purificam e energizam as pessoas e o ambiente.

Esse oráculo nos foi ensinado pelo Cigano Dom Fernando, mentor de Marcelo Ruiz, pois em vida ele jogava pedras preciosas em seu acampamento para desvendar o que os aguardava.

Cada Clã Cigano do Astral possui energias diferenciadas um dos outros e assim cada um possui uma característica específica de atuar diretamente na vida de quem está pedindo o seu auxílio.

Eles se dividem em nove clãs e, portanto, nove energias diferentes, são eles:

Clã dos Ciganos Dourados
Clã das Ciganas do Amor
Clã dos Ciganos e Ciganas Encantadas
Clã dos Ciganos da Cura
Clã dos Ciganos da Sorte
Clã dos Ciganos Andarilhos
Clã dos Ciganos Guardiões
Clã dos Ciganos Beduínos
Clã dos Ciganos Tuaregues

Usem estes ensinamentos para se libertarem de todas as adversidades de sua vida e assim seguir rumo à felicidade!

Lacho Drom!

Solange Magrin Ruiz

"Nunca permita que te conduzam por caminhos que tu não desejas trilhar. Sejas autêntico e sábio e assim trilharás os caminhos que te levarão ao sucesso."

Cigana Isabelita

Oração para Evocar o Poder dos Nove Clãs Ciganos de Luz do Astral

"Em nome de Dhiel, de Sara Kali, de Dom Fernando e da Cigana Isabelita, evoco a partir deste momento o Poder dos Clãs Ciganos de Luz em minha vida.

Para que a Fortuna, o Amor, a Sorte, a Saúde, o Direcionamento, a Felicidade, a Proteção e a Fé sempre estejam presentes nos meus caminhos.

Que a Luz dos Clãs Ciganos se instale em meu coração e que, por onde eu passar, possa a minha presença levar as sementes de esperança e bênção que Sara Kali um dia me concedeu e que nossos irmãos as recebam com amor, pois esta esperança e bênção já floresceu.

Amém!

Cigana Isabelita

O Poder dos Clãs Ciganos

Recente livro lançado, cujo nome, *Os Clãs Ciganos de Luz do Astral*,* retrata em todo potencial como trabalhar com a espiritualidade cigana sem misturar energias com outras doutrinas ou segmentos.

Muito já foi falado sobre o povo cigano, seus rituais, suas magias, seus encantos, mas tudo no sentido de se usar deles para o dinheiro e para o amor e só. Misturando ainda com rituais que nunca foram utilizados por um cigano em vida, e claro do lado espiritual o cigano não dará sustentação para algo que não conhece.

Nós ciganos temos uma linha de fé bem definida, que é por meio de Deus, Santa Sara e KristesKo (Jesus Cristo).

Conseguimos tudo que desejamos sem adentrar em outras doutrinas ou segmentos. Sempre respeitando cada qual.

E através dos Clãs ciganos de luz vocês poderão evoluir e sentir essa energia cigana em vossas vidas, de alegria, união, riqueza, fortuna, prosperidade, amor e sempre de muita fé.

O poder dos clãs ciganos vem para auxiliar a todos em diversos casos de suas vidas. Mas é bom lembrar que devemos evocá-los com muito amor, confiança e fé e nunca misturar energias.

Deus é simples, as coisas da vida são simples, então simples também são as formas de cultuá-Lo e evocá-Lo.

Basta acreditar!!!

Marcelo Ruiz

---

*N.E.: Obra publicada pela Madras Editora.

O Poder da Fé

Muito já foi comentado sobre esse tema, "A FÉ".

Frases como: a fé move montanhas, tenha fé, é bem comum escutarmos.

O que realmente significa fé? Será simplesmente o ato de acreditar ou existe algo mais?

Na minha vivência a fé é tudo e muito mais, pois existem certos mecanismos espirituais que por meio da fé são desencadeados na vida das pessoas.

Muita coisa acontece do lado espiritual, quando é ativada a fé no coração do indivíduo e ele se conecta a alguma força superior.

Nesse momento, uma forte conexão é criada com planos superiores e um cordão luminoso se liga a esse mentor e assim ele pode sentir tudo o que o indivíduo está vibrando. Esse é um momento especial, pois a pessoa se eleva espiritualmente saindo deste plano da matéria.

Dizer que tem fé é muito fácil. Mas na hora da dificuldade é que os mentores de luz saberão se realmente a fé está instalada no íntimo de cada um.

Vale aqui citar um texto intitulado "O alpinista", que saiu na edição do jornal *Cantinho Esotérico* número 02, autor desconhecido.

> Diz que um alpinista escalava uma montanha sozinho; muito experiente, confiante, continuou a escalar a montanha sem se dar conta do horário. Ele já havia quebrado certas regras dos alpinistas, estava

escalando sozinho; continuou sua subida para chegar ao topo mais rápido e acampar lá.

Só que a noite chegou e mal dava para enxergar um palmo a sua frente. Ao querer continuar escorregou e caiu... foi caindo e durante sua queda sua vida toda passou por sua mente.

De repente, um solavanco muito forte; como todo alpinista experiente, ele estava amarrado a uma corda de segurança.

A escuridão era tremenda, e o frio e a fome também. Nesse instante ele pensa: "Se eu ficar aqui, morrerei de frio".

Olhava para baixo e não conseguia ver qual era a distância que ele estava do chão. Começou a rezar: "Deus, por favor, me ajude" e repetiu por diversas vezes essa fala.

Em dado momento ele ouve uma voz: – Meu filho, o que queres?

Ele perguntou:

– É você, Deus?

– Sim, sou Eu. O que queres?

– Por favor, ajude-me a sair daqui, quero viver, durante a queda vi toda minha vida passando pela minha mente e vi que fui egoísta e prepotente, vi também minha família me avisando para tomar cuidado.

– Você acredita em Mim, meu filho?

– Sim, Deus, acredito!

– Então corte a corda que te segura!

Naquele momento se fez um silêncio total.

No dia seguinte a equipe de resgate encontra o alpinista, morto, congelado, com as mãos fortemente agarradas à corda, a apenas dois metros do chão.

Então, amigo leitor, se você tem fé, se você acredita, corte sua corda!!!

Neste texto percebemos que no ato do desespero, que é o momento do corte da corda, houve a falta de confiança por parte do alpinista, que gerou sua morte a apenas 2 metros do chão. Se ele cortasse a corda, estaria vivo.

Vejam que Deus não falou para ele: «filho corte a corda, pois você está perto do chão».

Porque se você acredita mesmo em Deus, se você tem fé, então não teria a dúvida diante de suas palavras.

Este é só um texto que demonstra claramente diversas situações que surgem em nossa caminhada e temos que cortar a corda, mas muitas vezes o medo, a insegurança e a dúvida imperam e a fé se perde.

Em muitos momentos Deus, Santa Sara e Kristesko provam a todos nós que podemos confiar neles, despertando e mostrando que podemos ter fé. Mas existem momentos em que nós precisamos demonstrar que temos realmente fé neles.

Marcelo Ruiz

O Poder da Gratidão

A gratidão é um sentimento que deve sempre existir no íntimo de cada ser, pois por meio dele se torna uma reserva de merecimento que criamos para nós mesmos.

Àquele que agradece por tudo o que recebe em sua vida, principalmente se evocou alguma força de luz e conseguiu alcançar o seu objetivo. Deve-se agradecer e nunca gerar dúvidas se conseguiu por meio dos seus pedidos e encanamentos, pois então deste modo conclui-se que não acreditou no ser de luz ao qual foi solicitada a ajuda.

Nesse caso o que se gera é a ingratidão, sentimento contrário ao que deveria vibrar fortemente no seu íntimo.

Desta maneira se quebra a conexão com as esferas superiores de luz, dando lugar para as sombras cobrirem os seus pensamentos. Tornando muitos indivíduos pretensiosos, ardilosos, interesseiros, mas estão apenas enganando-se e não enganarão jamais os seres de luz.

Portanto, temos sempre que agradecer; um bom cigano sempre agradece por tudo que Dhiel ou Santa Sara concede a ele e agradece principalmente pela vida que recebeu como dádiva divina. Pois assim está gerando o sentimento de gratidão.

Este sentimento de gratidão tem que existir nos seres humanos, pois assim estarão valorizando e atraindo sua prosperidade real.

Temos de agradecer por tudo, pelas coisas mínimas e pelas máximas que acontecem em nossa vida.

Desta forma, tudo virá naturalmente até suas mãos.

O Poder das Ondas Mentais

Este tema é muito interessante e também muito abrangente, mas vamos aqui mostrar como se processa o pensamento de um indivíduo conectado a um ser de luz e aliado com o sentimento de fé.

Esses sentimentos orientados por um mentor de luz trazem até o indivíduo a confiança, a intuição, a gratidão e a perseverança, entre outros sentimentos que começam a aflorar quando se inicia o processo de evolução consciencial.

Com todos esses ingredientes o indivíduo desencadeia uma reação energética muito forte e específica, pois todo o seu empenho tem um objetivo traçado. Tem um rumo a ser alcançado.

Com isto tudo, torna-se mais fácil atingir sua meta e tudo se realiza como se deseja.

Vamos entender um pouco melhor as ondas mentais.

Tudo o que pensamos gera uma energia e a nossa mente cria imagens de acordo com o que cada um deseja atingir.

Vou dar um exemplo simples:

Se você está com muita sede e quer beber água, mas naquele momento não existe esta possibilidade por estar em algum local que não tem água, você começa a mentalizar um copo cheio de água fresca e já se imagina bebendo e saciando sua sede.

Por um instante, você consegue até sentir a água na boca.

Nesse momento você emanou um pensamento, que gerou uma energia, que o deixa com uma força de vontade para realizar este simples ato de beber água.

A mesma coisa acontece em outros campos.

Se você quer realizar uma viagem, tem de mentalizar como você idealiza que tudo aconteça.

Como quer que seja o hotel que irá se hospedar, como será o passeio, se terá um lindo Sol, o dinheiro que vai proporcionar tudo isto já estando em sua conta bancária e assim por diante.

Tudo bem projetado para que ocorra da maneira que se espera, e com certeza tudo dará certo.

Quanto mais mentalizar o que deseja, sem perder a objetividade, mais energia sua mente irá liberar e assim uma grande massa energética se formará no campo astral de sua vida e, com isto gerado, todos os seus pedidos vão criando forma e força no plano espiritual-mental e essa energia desencadeada começa a se reproduzir em sua vida gerando as possibilidades de concretização do objetivo tão sonhado.

Não devemos esquecer que o que se vibra no pensamento também tem de vibrar no coração, ou seja, se você mentaliza essa viagem perfeita, também tem de sentir a mesma coisa.

Tudo em uma só sintonia, pois nada adiantaria se você pensasse em algo, mas não sentisse o mesmo.

O que quero dizer com isto é que muitas vezes as pessoas pensam como seria bom determinada situação, mas em seus emocionais vibram a dúvida, o medo, o receio, a incerteza e a falta de confiança. Portanto, o seu pensamento perde a força, pois os seus sentimentos duvidam que será possível a realização de seu objetivo.

Enfim, o mesmo indivíduo vibra duas energias que por si só já desequilibram o seu campo energético e geram os conflitos internos, e assim nada dará certo com relação à viagem ou a outro objetivo qualquer.

E assim acontece em todos os setores da vida da pessoa, sem exceção.

Quando pensamento e sentimento estão em harmonia e equilíbrio, vibrando na mesma frequência, tudo acontece com o êxito esperado, pois as ondas mentais que foram emanadas seguem ao encontro do objetivo e o envolve com uma energia que propicia a realização de como foi esperado. Pois a maioria das pessoas não utiliza o seu poder mental e com isto nunca descobrirá seu verdadeiro potencial.

Com esses conhecimentos ao seu alcance, e associados aos encantamentos ciganos, não terá energia que bloqueie a realização de uma meta, um desejo, um negócio, enfim, de um intento.

Muitas vezes queremos realizar algo, seja no campo do amor, da saúde ou mesmo para nossa prosperidade. Trocar de carro, comprar algo, vender algo, alugar, divulgar, etc.

Como tudo é energia, estamos então gerando uma energia na área do que queremos.

Se você quer comprar ou trocar de carro, você está gerando uma energia mental dentro desta linha da compra ou troca do carro.

Mas no momento que você, por mera ingenuidade, conta para seu "melhor amigo" que você deseja comprar um carro...

Pensando positivo se realmente ele for seu amigo, e, fortalecerá esse seu intuito, com palavras de força e pensamentos favoráveis. Mas muitas vezes os sentimentos humanos são uma caixinha de surpresa.

Ao contar para esse seu melhor "amigo" seu objetivo, ele, por ciúmes ou inveja ou outros sentimentos negativos, gera uma energia de bloqueio, que vai de encontro com à sua. Muitas vezes desvitalizando, desestimulando e atrapalhando seu negócio.

Isso acontece muito e em todas as áreas.

Desta forma, vai depender da pessoa que quer comprar o carro, ter força e ser determinada e objetiva. Essa energia negativa pode até atrapalhar um pouco, mas no final você vence, pois o seu magnetismo é mais forte que o da pessoa invejosa.

Agora, se a pessoa for uma pessoa fraca de pensamento e insegura, ela inconscientemente muda de ideia e acaba se entregando à emanação negativa do invejoso, não conseguindo concretizar seu objetivo.

Neste caso, como sempre aconselhamos, nunca é bom contar a ninguém sobre seus objetivos, nem para seu melhor amigo ou parente.

Existem no nosso cérebro quatro tipos de ondas mentais, são elas:

Ondas Beta: deixam o cérebro muito ativo e com isto a pessoa fica em um estado de movimento, conversando, praticando esportes, fazendo cálculos, entre outros.

Ondas Alpha: deixam o indivíduo em estado de meditação, concentração.

Ondas Teta: deixam a pessoa entre o consciente e o inconsciente, quase um transe.

Ondas Delta: deixam o indivíduo em estado de sono profundo.

Por meio dessas ondas são emanadas energias com alta ou baixa intensidade, de acordo com o padrão que se está vibrando.

Muitas vezes, quando estamos no estado de quase adormecer, podemos vislumbrar imagens ou sons de mundos paralelos ou níveis espirituais, pois como a frequência energética muda nesse momento, podemos captar energias que quando estamos acordados não conseguiríamos.

O que queremos reforçar neste capítulo é que, por meio da força de seu pensamento, com a visualização de uma imagem referente ao seu intento e com elementos encantados para fazer seus rituais, as possibilidades da concretização acontecer antes do esperado são muito grandes.

Não podemos deixar de citar o magnetismo mental, pois se o indivíduo tem força de pensamento e principalmente emana pensamentos positivos, o seu campo magnético será atrator de situações e pessoas positivas; trazendo até o indivíduo tudo o que for positivo: fortuna, amizades sinceras, bons empreendimentos, um amor verdadeiro, saúde em todos os sentidos e muito mais.

Como tudo é dual, se o indivíduo usar seu magnetismo mental, emanando um campo magnético negativo, também será um atrator de várias situações. A diferença é que serão todas negativas para sua vida, como falta de dinheiro, amigos infiéis, maus empreendimentos, falta de amor e falta de saúde em todos os sentidos e muito mais.

Sabendo destas informações, comece a dominar seu potencial mental e se torne um grande ímã, atrator de positivismo sem fim.

Confie mais em você e no seu potencial, e rapidamente você será um vencedor e principalmente se tornará um indivíduo mais evoluído mentalmente.

Solange Magrin Ruiz

O Poder dos Encantamentos Ciganos

Todo encantamento possui uma força espiritual, energética e magnética muito grande e, dependendo da pessoa que o está fazendo, isso pode se multiplicar ainda mais de acordo com a intensidade que a pessoa realiza o encantamento.

Encantamento vem de encanto, isso quer dizer que o realizador irá encantar certos elementos de acordo com seus objetivos, sejam eles espirituais ou materiais.

O poder dos encantamentos ciganos é magnífico, realizando seus objetivos em pouco tempo, pois a energia cigana é de muita rapidez e movimento e com esta força energética tudo flui rapidamente.

Aqui nós iremos passar encantamentos ciganos evocando o poder dos Clãs Ciganos de Luz do Astral.

Cada elemento utilizado na realização de um encantamento terá uma função energética e espiritual muito valiosa, pois cada elemento por si só já possui uma energia em potencial específica. E, quando essa energia é liberada por meio de conjuros ciganos, o seu poder se multiplica e aquela energia que estava em potencial se revela, fazendo parte integrante do encantamento.

Com isto, gerará uma função de condutores energéticos que levarão essa energia a outros níveis espirituais, onde se plasmará o encantamento e vibrará fortemente para a realização dos objetivos pedidos.

Esta é a importância de se realizar um encantamento usando elementos como cristais, moedas, pós, punhais, velas, flores, ervas, perfumes e muito mais. Pois, por meio deles, pode-se usar todo o potencial energético de cada um a nosso favor.

Ao realizar um encantamento, deve-se evocar o poder dos clãs ciganos, que poderá ser somente um clã ou todos os clãs ao mesmo tempo.

Ao realizarmos um encantamento, utilizaremos elementos específicos de acordo com nossos intentos e estaremos assim fazendo um ritual, e em conjunto usaremos o poder de um conjuro cigano.

Na parte espiritual, esse encantamento irá se desdobrar e criar um campo energo-magnético muito forte, pois todo elemento possui uma vibração energética específica e com diversas funções. Ao realizarmos os conjuros na força dos clãs ciganos, essa energia cigana irá ativar a vibração energética dos elementos utilizados.

É importante lembrar que estamos falando de rituais ciganos, então a força evocada será a dos Clãs Ciganos.

Esse campo magnético poderá ser para atrair, absorver, transmutar, repelir, proteger e muito mais. Sempre de acordo com os pedidos e com o clã cigano evocado.

Não há encantamento que não funcione, e sim há o merecimento, a dedicação, a força de vontade e principalmente o amor e a fé que a pessoa emana durante seu encantamento cigano.

Muitas pessoas fazem seu encantamento só por fazer, não acreditando realmente que irá funcionar.

Outras realizam o encantamento e esquecem do principal, nós é que estamos aqui encarnados e somos nós que temos de ir em busca daquilo que necessitamos e não simplesmente fazer o encantamento e não dar mais importância. Pois também os sentimentos que cada um emanar vão atuar diretamente no objetivo pedido e, como já mencionado anteriormente, a energia cigana age muito rápido na vida das pessoas, muito rápido mesmo, mas cada um tem de fazer a sua parte e não esperar que os Clãs Ciganos façam tudo por vocês.

Se um indivíduo quer vender um imóvel, ele faz um encantamento para o Clã dos Beduínos do Deserto, pedindo que logo apareça alguém que compre seu imóvel.

O primeiro passo foi dado, o encantamento foi realizado, os conjuros foram feitos. A energia foi liberada e o encantamento se desdobrou para outro nível energético espiritual, e os Beduínos do Deserto utilizarão dessa energia desencadeada pelos elementos, pelos conjuros e sentimentos emanados para buscar a melhor forma de concretizar esse pedido.

Nesse período, o indivíduo não pode esquecer do imóvel e da energia que o encantamento está movimentando para trazer a pessoa para compra do imóvel, pois do contrário a conexão se afina e com isto irá enfraquecer o seu pedido.

O certo é fazer o encantamento e, a partir dessa energia desencadeada, ir atrás das oportunidades.

Quando você estiver em busca, a energia espiritual do encantamento já estará agindo, não deixando que certos atrasos aconteçam ou mesmo bloqueios atrapalhem a realização do objetivo, atraindo a pessoa certa o mais rápido possível para a compra do imóvel.

Podemos realizar vários encantamentos para diferentes finalidades, com os diversos Clãs Ciganos de Luz que existem, e não há horário específico para realizá-los.

Ao fazer um encantamento cigano, você estará clamando a Sara Kali, ao Clã Cigano específico e realizando seu conjuro.

O conjuro é a chave para a ativação do encantamento.

E como todo bom cigano, você pode, depois de feito o conjuro específico do Clã evocado, fortalecer o encantamento com o seu conjuro pessoal.

Nesta obra, vocês aprenderão a fazer encantamentos para sua autoajuda e assim resolverem e concretizarem todos os seus objetivos.

Lembrem-se: quanto maior for a fé em Santa Sara Kali e nos Clãs Ciganos maior será a probabilidade de conquistas e vitórias para tudo que desejar, tudo mesmo.

O Poder das Fitas Ciganas

As fitas coloridas são muito utilizadas por nós ciganos em encantamentos e rituais.

Possuem uma energia diferenciada de outros elementos da natureza que, somados à energia das fitas com o poder dos Clãs ciganos, se tornam uma poder de ajuda muito grande em nossas vidas.

As fitas, principalmente as de cetim, quando ativadas na força dos clãs, agem como fitas magnéticas que, de acordo com a cor, têm funções diversas.

Sua energia age de forma psíquica e magnética, limpando, harmonizando, desbloqueando, direcionando e muito outras funções, que variam de acordo com o caso.

Explicamos isso em detalhes no livro *Os Clãs Ciganos de Luz do Astral**, as cores, suas funções e atributos; aqui vamos ensinar alguns encantamentos utilizando o poder das fitas e dos Clãs Ciganos.

---

*N.E.: Obra destes autores publicada pela Madras Editora.

Encantamento para Cortar Ligações Negativas do Mental

1 pedaço de fita azul-escuro, largura de três dedos
essência de anis

Ritual

Pingue um pouco de essência na fita.
Amarre envolta da cabeça na hora em que for dormir.
Então faça o seguinte conjuro:

Conjuro

Consagro esta fita ao Clã dos Ciganos Guardiões para que corte todos os pensamentos e ligações negativas que possam estar me atrapalhando em qualquer área de minha vida.

Amém!

Durma durante 7 noites e depois queime a fita.

Encantamento para Despertar a Criatividade e Direcionamento

1 pedaço de fita amarela, largura de três dedos
Essência de Jasmim

Ritual

Pingue um pouco de essência na fita.
Amarre envolta da cabeça na hora em que for dormir.
Então faça o seguinte conjuro:

Conjuro

Consagro esta fita ao Clã das Ciganas da Sorte, despertando minha criatividade e direcionando minha vida, para que eu sempre trilhe os caminhos iluminados da fé, do amor, da verdade e da prosperidade.

Amém!

Durma com essa fita durante 7 noites.

Encantamento para Auxiliar no Tratamento de Uma Doença

1 pedaço de fita verde e 1 pedaço de fita lilás, largura de dois dedos

Essência de hortelã

Ritual

Pingue a essência nas fitas e as entrelace

Amarre onde estiver com dor (cabeça, barriga, braço, etc.)

Então faça o seguinte conjuro:

Conjuro

Peço a Dhiel, a Sara Kali e ao Clã dos Ciganos da Cura que me enviem as energias naturais que envolvam esta energia enfermiça, sanando-a de imediato. Peço também que me imantem com sua energia revitalizadora.

Amém!

Dormir com essa fita durante 7 dias e depois queimá-la.

Encantamento para Realização de Objetivos

1 vela de 7 dias azul-clara
Açúcar refinado ou açúcar cristal
7 folhas de louro
Essência de flor de laranjeira
Papel e lápis
1 pires

Ritual

Escreva seus objetivos a lápis no papel e coloque em cima do pires; coloque a vela no centro do papel e cubra com o açúcar; distribua as folhas de louro ao redor da vela e pingue algumas gotas de essência de flor de laranjeira em cima.

Conjuro

Clamo a Sara Kali e aos 9 Clãs Ciganos de Luz do Astral, para que através dos elementos aqui encontrados se faça uma energia no astral de muita atração.

E que através de todos os clãs ciganos eu possa realizar tudo com muita facilidade e permanência.

Amém!

Fazer a oração de Santa Sara durante os 7 dias.

Lachi Bar!

Depois de 7 dias passados do encantamento, jogue o açúcar em um vaso e queime o papel.

Guarde as folhas de louro em diversos lugares.

Ex.: baú, gaveta, carteira, entre outros.

Encantamento Cigano para Fartura e Abundância

1 pão redondo
Arroz cru
Canela em pó
8 moedas douradas
Mel

Ritual

Tire o miolo do centro do pão e reserve.

Dentro desse buraco você irá completar com o arroz cru, depois polvilhe canela em pó em cima do arroz e coloque as 8 moedas no arroz de modo que fiquem em pé.

Divida o miolo do pão reservado para sua família e amigos que estiverem juntos e molhe no mel.

Façam um pedido a Santa Sara e comam.

Conjuro

Pelo poder de Deus, de Kristesko e de Sara Kali, toda a prosperidade, fartura e abundância estejam presentes e fortalecidos em minha vida para todo o sempre.

Amém!

Deixe, encantamento feito com o pão, na mesa da cozinha de sua casa ou em outro lugar que você ache apropriado.

Este encantamento tem uma longa duração.

Após um ou dois meses, poderá levar o pão até uma praça bonita, agradecendo todas as bênçãos alcançadas.

Lachi Bar!

Encantamento Cigano para Concretização de Um Pedido

Sementes de girassol
1 vaso com terra
Canela em pó
Papel e lápis

Ritual

Escreva os intentos que você quer concretizar, só que escreva no presente.

Ex.: Obrigado por eu ter comprado meu carro novo.

Coloque as sementes de girassol no papel e polvilhe canela em cima e feche como se fosse uma trouxinha.

No vaso com a terra, faça um buraco e coloque a trouxinha com seus pedidos, depois cubra com terra e polvilhe com canela em pó.

Lembrando que esse vaso é seu, e é você que tem de cuidar dele, para que as sementes germinem e cresçam iguais aos seus objetivos.

Conjuro

Peço ao Clã dos Ciganos Dourados e aos Beduínos do Deserto que todos os meus objetivos sejam realizados e concretizados com muita abundância, solidez e permanência.

Eu sempre me lembrarei de todos os Clãs e de Santa Sara como grande devoto e propagador dessa filosofia.

Amém!

Lachi Bar!

Encantamento Cigano de Sucesso, Saúde e Amor

9 fitas coloridas de cetim (menos preta)
1 vela dourada de 7 dias
9 pedaços de canela em pau
1 prato

Ritual

Amarre 1 pedaço de fita em cada pedaço de canela em pau fazendo um pedido a cada Clã Cigano. Amor, sucesso, proteção, saúde, cura, determinação, enfim, tudo o que desejar.

Coloque a vela dourada no centro do prato e circule com os 9 pedaços de canela.

Conjuro

Por Santa Sara e por todos os 9 Clãs Ciganos de Luz do Astral, estou evocando suas energias para dentro de minha vida e para dentro de minha casa.

Abençoando todos os que vivem aqui, abençoando o meu trabalho, meus filhos, etc.

Fortalecendo minha saúde.

E protegendo-me de toda inveja.

Amém!

Se desejar, pode oferecer uma canela consagrada a pessoas queridas, ou guardá-las em gavetas, baús, bolsas, etc.

Lachi Bar!

Encantamento Cigano para Proteção de Um Desejo

1 baú pequeno
4 espelhos redondos
Papel e lápis

Ritual

Escreva no papel seu objetivo de forma clara e direta.

Por exemplo: Vou comprar um carro!

Em forma de triângulo escreva: Beduínos, Tuaregues e Guardiões. Cada nome fica em um vértice do triângulo de modo que o seu pedido fique no meio do triângulo contendo o nome dos ciganos protetores.

Coloque o papel aberto dentro do baú.

E em cada lado do baú, coloque um espelho refletindo para o pedido. Fechando os 4 cantos

Depois feche o baú.

Conjuro

Clamo aos Clãs Ciganos da Proteção, os Beduínos, os Tuaregues e os Ciganos Guardiões que protejam esse meu objetivo de todo e qualquer mal, seja ele espiritual, energético, mental ou sentimental que possa me atrapalhar.

---

*N.E.: Essa oração se encontra no livro *Os Clãs Ciganos de Luz do Astral*, destes autores, publicado pela Madras Editora.

Sempre me dando muita força, determinação e coragem para tudo que eu precisar para concretizar o meu intento.

Desde já, agradeço!

Amém!

Feche o baú e guarde até que seja realizado seu objetivo.

P.S. Os mentores espirituais sabem muito bem o que vibra no íntimo de cada um, então sejam claros e objetivos e não fiquem mudando de pedidos sempre.

Faça um ou mais que realmente você quer e confie, pois está acontecendo.

Lachi Bar!

Encantamento para Obter o Sucesso

1 vela de 7 dias dourada
Pó de ouro
Papel e lápis

Ritual

Desenhe uma estrela de 5 pontas em uma folha de sulfite e escreva seu nome no centro da estrela.

Acenda a vela dourada em cima do seu nome e cubra a estrela com pó de ouro.

Fazer os seus pedidos e a oração dos Beduínos do deserto, todos os dias, durante 7 dias.*

Após o término da vela, se desejar pode deixar um pouco mais de tempo este encantamento montado.

Caso contrário jogue o pó de ouro em um jardim ou, num vaso com flor e queime o papel com a estrela.

Lachi Bar!

*N.E.: Essa oração se encontra no livro *Os Clãs Ciganos de Luz do Astral*, destes autores, publicado pela Madras.

Banho de Ouro

8 moedas douradas
1 canela em pau
1 peça em ouro
1 pitada de açúcar

Ritual

Ferva em 2 litros de água as moedas, a canela e a peça em ouro.

Depois que o banho estiver morno, coloque o açúcar.

Consagre aos Ciganos Dourados e jogue do pescoço para baixo.

1 banho por semana, durante oito semanas.

Lachi Bar!

Banho do Sucesso

8 anises-estrelados
1 punhado de erva-doce
8 gotas de essência de flor de laranjeira

Riual

Ferva os dois primeiros ingredientes e, quando amornar o banho, adicione a essência.

Consagre aos Beduínos do Deserto, coe e jogue da cabeça para baixo.

Utilizar principalmente quando for fechar negócios, fazer entrevista de emprego, prestar concursos, entre outros.

Lachi Bar!

Encantamento de Concretização

5 moedas douradas
5 pedras de granada
1 vela dourada de 7 dias
Mel
Papel e lápis

Ritual

Escreva seus pedidos no papel e coloque no pires.

Coloque as moedas de forma que fique uma estrela de 5 pontas e as granadas em cima das moedas.

Cubra com mel e coloque a vela dourada no centro da estrela.

Todos os dias reforce seus pedidos e faça suas orações aos Beduínos do Deserto.

Use uma fita dourada na testa todas as noites, para mudar o magnetismo mental.

Lachi Bar!

Encantamento para Riqueza e Fortuna

8 moedas douradas
8 piritas pequenas
1 vela de 7 dias dourada
1 pires
1 foto sua (pode ser escaneada ou xerocada)
pó de ouro

Ritual

Coloque a foto no meio do pires.

Acenda a vela dourada em cima e circule com as 8 moedas douradas.

Em cima das moedas, coloque uma pedra de pirita.

Polvilhe o pó de ouro, por cima da foto.

Conjuro

Peço aos Ciganos Dourados que me imantem com a energia dourada, como se eu estivesse coberto de ouro, atraindo assim minha fortuna e riqueza.

Amém.

Lachi Bar!

Após terminar a vela, lave e guarde as moedas. Limpe e guarde as piritas.

O pó de ouro pode ser colocado em uma vaso com terra e guarde a foto para repetir este encantamento ou fazer algum outro.

Encantamento para Mudança do Padrão Mental

1 espelho redondo
1 prato
1 foto sua
1 vela dourada de 7 dias

Ritual

Colocar o espelho no pires, e por sua foto em cima com a imagem virada para cima. Colocar a vela em cima da foto.

Conjuro:

Peço aos ciganos dourados que me ajudem no despertar da minha consciência. Elevando meus pensamentos e iluminado-os cada vez mais.

E que a partir de hoje sempre meus pensamentos sejam positivos, para que assim eu possa atrair para minha vida tudo o que eu desejo e mereço de bom, rapidamente. Amém.

Após o término da vela, pode guardar o espelho para futuros encantamentos. Caso o espelho se quebre, jogue-o fora e repita o encantamento.

Lachi Bar!

Encantamento para Realização de Um Objetivo com Data Determinada

1 tacho de cobre tamanho médio
Mel
3 espelhos
1 pirita
Papel e lápis

Ritual

Escreva no papel, a lápis, seu objetivo a ser realizado até X data.

(Lembrando que não deve brincar com os ciganos e querer fazer pedidos fora da realidade ou mesmo datas muito próximas)

Coloque dentro do tacho de cobre e cubra com mel.

Coloque os 3 espelhos em pé com o lado espelhado para dentro.

E no centro coloque a pirita.

Conjuro

Peço a Santa Sara e ao Clã dos Ciganos Dourados que me ajudem na realização deste objetivo até X data.

Deposito toda minha fé e meu amor em vós, já tendo a certeza de que já consegui.

Amém!

Lachi Bar!

Deixar este encantamento por tempo indeterminado.

Depois, para desfazê-lo, lave os espelhos, o tacho e a pirita e guarde-os.

Banho de Limpeza

1 maço de manjericão

Ritual

Ferva o manjericão em 2 litros de água.

Após estar morno, tome seu banho de higiene e em seguida o banho de manjericão.

Conjuro

Consagro aos Ciganos Protetores, e peço que imantem este banho com suas energias de amparo, proteção e limpeza.

Amém!

Jogar da cabeça aos pé.

Lachi Bar!

Banho de Encanto para Mulheres

Maçã picada
Uva rubi
Pétalas de rosas vermelhas e rosas
Uma pitada de açúcar

Ritual

Ferva a maçã e a uva em 2 litros de água, após alguns minutos despeje as pétalas de rosa e apague o fogo. Abafe.

Quando amornar, coloque o açúcar.

Conjuro

Consagro a Santa Sara e às Ciganas Encantadas que derramem neste banho seus encantos mil.

Amém!

Faça seus pedidos, lave o rosto e jogue do pescoço para baixo.

Lachi Bar!

Banho de Encanto para Homens

Pera picada
Uva itália
Pétalas de rosas amarelas e brancas
Uma pitada de açúcar

Ritual

Ferva a pera e a uva em 2 litros de água, após alguns minutos despeje as pétalas de rosa e apague o fogo. Abafe.

Quando amornar, coloque o açúcar.

Conjuro

Consagro a Santa Sara e aos Ciganos Encantados que derramem suas energias de entusiasmo e valorização.

Amém!

Faça os seus pedidos, lave o rosto e jogue do pescoço para baixo.

Lachi Bar!

Vaso de Proteção

Vaso com terra
3 turmalinas negras
3 punhais pequenos
1 drusa pequena de ametista
Vinho seco

Ritual

Colocar terra no vaso, fincar os punhais na terra e entre eles colocar as turmalinas negras.

No centro dos punhais, colocar a drusa de ametista.

Regar com vinho tinto

Conjuro

Consagro aos Clãs dos Ciganos da Proteção para que defendam minha casa, a mim e às pessoas que moram aqui.

Protejam tudo o que eu tenho de energias negativas externas.

E para que nunca nenhum mal entre em minha casa.

Amém!

Deixar este vaso do lado de fora da casa, ao lado da porta de entrada.

Se morar em apartamento, pode deixar do lado de dentro ao lado da porta.

Lachi Bar!

Encantamento de Defesa para Bloquear a Entrada de Espíritos Obsessores em Casa ou no Comércio

3 espelhos
3 drusas pequenas de ametistas
3 incensos de qualquer aroma
Deixar ao lado da porta de entrada

Ritual

Colocar as ametistas em forma de triângulo e os espelhos encostados nas ametistas refletindo para o centro. E, no meio, colocar os 3 incensos.

Conjuro

Peço ao Clã dos Ciganos Protetores que criem um campo magnético absorvedor de interferências negativas e de espíritos obsessores que possam estar acompanhados das pessoas que aqui adentrarem.

Envolvendo-os e os recolhendo neste encantamento e que seja transmutada suas energias nocivas e encaminhados aos seus locais de merecimento.

Amém.

Lachi Bar!

Pode limpar este encantamento, toda vez que se fizer necessário.

Encantamento para Anular Ataques Espirituais

3 pedras cianita negra
1 caldeirão de ferro pequeno

Ritual

Fazer um triângulo com as cianitas negras em volta do caldeirão.

No caldeirão, coloque um pouco de álcool e acenda. (cuidado)

Conjuro

Peço ao Clãs dos Ciganos Tuaregues que anule todo mal dirigido a mim e me proteja de qualquer tipo de ataque negativo, afastando-os de minha vida de uma vez por todas, harmonizando ambas as partes.

Amém!
Lachi Bar!

Faça este encantamento toda vez que achar necessário.

Encantamento para Recolher e Limpar a Casa de Espíritos Obsessores e Sofredores

3 pedras turmalinas negras
1 caldeirão de ferro pequeno
3 espelhos redondos
álcool

Ritual

Faça um triângulo com as pedras e coloque o caldeirão no meio.

Apoie 1 espelho em cada pedra, refletindo para dentro.

Coloque álcool no caldeirão, **mas não ponha fogo de imediato**.

Conjuro

Peço ao Clã dos Cigano Protetores que purifiquem toda a minha casa e as pessoas que aqui vivem, retirando todo o mal, os espíritos obsessores e sofredores para todo o sempre.

Que nesta casa sempre reine o amor, a união, a harmonia, a paz, a saúde e a fé!

Amém!

Lachi Bar!

Vá mentalizando todos os cômodos da casa e as pessoas que vivem nela. Peça para que os Ciganos Protetores levem todo o mal para dentro do caldeirão, não conseguindo mais sair.

Depois coloque fogo.

Muito poderosa!

Encantamento de Proteção Pessoal

1 espelho
1 foto 3x4
1 vela azul - escura de 7 dias
Essência de anis

Ritual

Coloque o espelho refletido para cima e, em cima do espelho, coloque sua foto com o rosto para cima.

Pingue essência na foto.

Coloque a vela de 7 dias em cima da foto.

Conjuro

Peço ao Clã dos Ciganos Protetores que façam a minha proteção física, espiritual, mental e emocional, purificando meus pensamentos e sentimentos e nunca deixando o mal entrar em minha vida.

E que através deste encantamento eu sempre esteja protegido.

Amém!

Lachi bar!

Encantamento para Proteção

1 vela de 7 dias prata
1 vela de 7 dias cobre
1 vela de 7 dias azul-escura
3 espelhos redondos
Papel e lápis

Ritual

Escreva no papel tudo aquilo que você deseja proteger pelo Clã dos Ciganos Protetores.

Fazer um triângulo em volta dos pedidos com os espelhos e colocar as velas em cima dos espelhos.

Usar a intuição na colocação das cores das velas quando for montar o triângulo.

Conjuro

Peço aos Clãs Ciganos da Proteção que façam a proteção física e espiritual deste pedido e que nunca nenhum mal, pessoa ou interferência negativa possam atrapalhar minhas conquistas.

Amém!
Lachi bar!

Se o espelho quebrar, jogue-o fora.
Se não quebrar, lave-o e poderá usar de novo.

Encantamento para Concretização de Um Intento

Essência de olíbano
Papel e lápis
Fita marrom de cetim

Ritual

Escrever seu intento no papel (apenas um, aquele que você mais deseja).

Pingue a essência de olíbano em cima e enrole o papel como um pergaminho e amarre-o com a fita marrom.

Conjuro

Peço ao Clã dos Beduínos do Deserto que me ajudem a concretizar em minha vida esse meu desejo.

Conto com a vossa ajuda e com sua força para que o mais breve possível tudo se concretize em minha vida.

Amém!
Lachi Bar!

Deixar guardado até que o pedido se realize, após isto pode queimar o papel.

Ritual de Limpeza

Caldeirão de ferro
Carvão
Álcool
Casca de alho
Cânfora
Pinhão roxo

Ritual

Coloque dentro do caldeirão o carvão, o álcool e ateie fogo, evocando as forças do Clã dos Ciganos Protetores.

Evocação

Evoco o poder do fogo e dos Ciganos Protetores, para que todo o mal seja purificado e cortado. Amém.

Depois do fogo ter acabado e o carvão ficar em brasa, comece jogando as ervas na ordem que estão escritas anteriormente.

A casca de alho: pedir para que, se houver algum vampiro energético, que ele seja exterminado.

Cânfora: pedir a limpeza de toda a casa e das pessoas. Dissolver os miasmas, larvas astrais e as energias enfermiças.

Pinhão roxo: pedir para que purifique o ambiente de obsessores afastando-os de sua casa e nunca mais voltando.

De preferência fazer ao ar livre no quintal, mas se não houver esta possibilidade, também pode fazer dentro de casa.

Encantamento Cigano para Atrair a Boa Sorte

Papel e lápis
Vela de 7 dias amarela

Ritual

Desenhe uma estrela de 5 pontas em uma folha. Escreva seu nome no centro da estrela.

Acenda a vela em cima de seu nome e faça o seguinte conjuro:

Conjuro

Peço ao Clã das Ciganas da Sorte que tragam para minha vida toda a sorte do mundo.

Kamal lachi lumiaco murro traio.

Lachi Bar!

Encantamento Cigano para Trazer Entusiasmo, Alegria e Felicidade

3 ônix laranjas
Papel e lápis
Essência de flor de laranjeira

Ritual

Escreva seu nome no papel a lápis. Pingue a essência em cima do nome e faça um triângulo com as 3 pedras em torno do nome.

Conjuro

Peço ao Clã dos Ciganos e Ciganas Encantadas que tragam para minha vida toda alegria, felicidade e entusiasmo.

Amém!
Lachi Bar!

Encantamento Cigano para Proteção de Seu Carro

Vinho tinto seco

Ritual

Derrame um pouco de vinho em cada pneu de seu carro em forma de cruz.

Conjuro

Clamo aos Ciganos Protetores que façam a proteção do meu carro afastando todos os perigos, acidentes e roubos.

Amém!

Lachi Bar!

Talismã Cigano da Sorte

1 folha de louro
1 moeda de cobre
1 estrela de 5 pontas em metal
1 saquinho de tecido amarelo

Ritual

Colocar tudo dentro do saquinho e costurar com linha amarela.

Segure-o em sua mão direita, eleve-o em direção à Lua e faça o seguinte conjuro:

"Lua Cheia, com seus raios poderosos e com a força do Clã das Ciganas da Sorte, imante o meu talismã e que a sorte sempre me acompanhe".

Amém!

Lachi Bar!

Guarde-o sempre consigo.

Encantamento para Trazer Emprego

1 vaso
3 rosas brancas sem espinhos
1 vela de 7 dias azul-clara
Essência de alfazema
Papel e lápis

Ritual

Coloque as rosas no vaso com água, coloque 7 gotas de essência de alfazema na água.

Escreva no papel o seu nome, seu pedido de emprego e escreva a seguinte frase:

Conjuro

"Que sejam abertas as portas para o profissional e que venha o emprego de que eu necessito".

Amém!

Coloque o papel embaixo da vela de 7 dias e derrame no papel algumas gotas de alfazema. Se tiver a imagem de Santa Sara, coloque o papel embaixo de seus pés.

Tudo feito, reze a oração de Santa Sara diariamente e repita o pedido de emprego.

Depois dos 7 dias, coloque as flores em um vaso e jogue a água na pia normalmente. O pedido, deixe-o sob os pés da Santa, caso contrário pode queimá-lo.

Lachi Bar!

Encantamento para Fartura e Abundância

Para que nunca falte o alimento em sua mesa:

1 feixe de trigo
½ metro de fita de cetim dourada
Incenso de noz-moscada
1 vela de 7 dias dourada

Ritual

Dar um laço com a fita de cetim em volta do feixe de trigo, acenda o incenso e a vela dourada.

Conjuro

Meu Deus e minha Santa Sara, que em minha mesa a fartura sempre esteja presente.
Amém!

Deixe o feixe de trigo em algum local da casa ou da cozinha enfeitando. Sopre a cinza do incenso pela janela.
Lachi Bar!

Encantamento para Limpeza

1 punhal

Ritual

Faça um círculo com o punhal, riscando o chão (fora de casa) e entre dentro dele.

Conjuro

Que a Lua Minguante tire tudo de negativo que esteja comigo e em minha vida.
Amém!

Fique dentro do círculo por 15 minutos (no mínimo).
Faça este encantamento somente na Lua Minguante.
Lachi Bar!

Encantamento Cigano de Proteção

Para pessoas que estão sendo atacadas durante o sono ou que estão com pensamentos conturbados e negativos.

Essência de anis

1 vela de 7 dias azul-escura
Papel e lápis
1 fita azul-escura de cetim, com 2 dedos de largura

Ritual

Escreva seu nome no papel e pingue 7 gotas de essência em cima. Coloque a vela em cima do nome e acenda.

Consagre ao Clã dos Ciganos Guardiões para que corte todas as interferências de seu mental.

Durma com a fita azul-escura amarrada na cabeça, consagrada ao Clã Cigano Guardião para proteção durante o sono.

Use durante 7 noites, no mínimo.

Depois desse período, queime o papel e guarde a fita.

Lachi Bar!

Encantamento Cigano para Cortar Energias Enfermiças

Essência de hortelã
Incenso em forma de pirâmide de alecrim
Papel e lápis
1 vela verde de 7 dias

Ritual

Escrever o nome no papel. Pingar essência de hortelã.

Faça um triângulo com 3 incensos de alecrim, coloque o nome no centro e a vela verde em cima.

Então faça o seguinte conjuro:

Conjuro

Consagro este encantamento ao Clã dos Ciganos da Cura, para que seja totalmente reestabelecida minha saúde física, espiritual e energética.

Lachi Bar!

Encantamento Cigano para o Amor

1 maça vermelha
Mel
Canela em pó
Pétalas de rosa vermelha

Ritual:

Coloque a maçã em um prato, derrame mel e polvilhe canela em cima. Coloque as pétalas em volta circulando. Então Faça o seguinte conjuro:

Conjuro:

Consagro este encantamento ao Clã das Ciganas do Amor para que tragam até mim a pessoa do meu destino, para que possamos ser felizes.

Amém!

Repetir este conjuro por 7 dias seguidos.

Este encantamento fica lindo. Ele pode ficar em casa até a maçã murchar, então leve-o até um praça ou coloque-o num vaso de flor sem espinhos.

Banho de Encanto

Pétalas de 3 rosas vermelhas
1 pedaço de canela em pau
7 gotas de essência de verbena

Ritual

Ferva em 2 litros de água a canela em pau. Quando a água estiver amarela, acrescente as pétalas, apague o fogo e abafe. Quando estiver morno, acrescente as 7 gotas de essência de verbena.

Conjuro

Consagro este banho ao Clã dos Ciganos do Amor e peço que aumente o meu poder de atração. Amém.
Lavar o rosto e jogar do pescoço para baixo.
Lachi Bar!

Novena para Santa Sara Kali

1 vela de 7 dias azul-clara
Incenso de Santa Sara
1 copo de água filtrada

Ritual

Acenda a vela e um incenso.

Coloque o copo de água ao lado, estenda sua mão direita em cima do copo e faça a oração de Santa Sara.*

Ao final da oração, beba a água.

Todos os dias deve repetir este ritual até completar 9 dias. Quando a vela acabar no 7º dia, pode acender outra.

Lachi Bar!

---

*N.E.: Essa oração se encontra no livro *Os Clãs Ciganos de Luz do Astral*, destes autores, publicado pela Madras Editora.

Encantamento para Realização de Seu Intento

5 granadas
1 vela dourada de 7 dias
1 vela de cobre de 7 dias
Papel e lápis

Ritual

Escreva seu intento no papel. Em volta desse papel, faça uma estrela de 5 pontas com as granadas. Coloque no centro em cima do papel a vela dourada, fazendo o seguinte conjuro:

Conjuro

Peço ao Clã dos Ciganos Dourados que através de sua luz dourada seja realizado este meu intento o mais rápido possível.

Amém!

Espere a vela dourada acabar e, sem mexer no encantamento, coloque a vela de cobre em cima no mesmo lugar da dourada.

Então faça o seguinte conjuro:

Conjuro

Clamo ao Clã dos Beduínos do Deserto que me ajudem a concretizar este meu intento o mais rápido possível.

Amém!

Vejam que neste encantamento primeiro acendemos a vela dourada ao Clã dos Ciganos Dourados, para que essa energia dourada crie no astral a energia de seu intento e depois colocamos a vela cobre e a consagramos aos Beduínos para que eles ajudem a concretizar.

Façam com fé e Lachi Bar!

Encantamento para Abertura da Vidência

1 estrela de 5 pontas (pingente de metal, de preferência dourada)

1vela de 7 dias amarela

Perfume Mirage (by Cigana Isabelita) ou essência de jasmim

Ritual

Acenda a vela e deixe a estrela ao lado.

Quanto for dormir, passe o perfume Mirage no travesseiro ou pingue 7 gotas de essência de jasmim.

Conjuro

Consagro esta vela e esta estrela ao Clã das Ciganas da Sorte, para que seja imantada com as suas energias e o poder da vidência se abra em mim.

Que a luz da estrela cigana sempre ilumine meus caminhos.

Amém!

Ao deitar, coloque a estrela na testa, durante as 7 noites seguintes.

Depois do sétimo dia, se desejar pode continuar a dormir com a estrela.

Não tem importância se a estrela cair ao dormir, pois nos primeiros momentos que você estiver com ela na testa já irá sentir a energia trabalhando.

Lachi Bar!

Encantamento para Abrir os Caminhos

7 cianitas azuis (pedras)
1 taça
Vinho tinto seco

Ritual

Forme um círculo com as cianitas.
No centro, coloque a taça com o vinho.

Conjuro

Peço ao Clã dos Ciganos Andarilhos que, com sua destreza e habilidade, abram todos os meus caminhos e por onde eu caminhar, tu me acompanhará.
Amém!

Repetir o conjuro durante 7 dias.
Após esse período, jogue o vinho na pia e repita o encantamento durante um mês.
Pode deixar o encantamento em lugar aberto (quintal, varanda).
Lachi Bar!

Encantamento para Trazer a Alegria Dentro do Seu Lar

Pétalas de 3 rosas vermelhas
Pétalas de 3 rosas rosas
Pétalas de 3 rosas amarelas
Pétalas de 3 rosas laranjas ou champagne
Essência de rosas
Balde com água

Ritual

Com a água no balde, vá misturando as pétalas de rosa fazendo seus pedidos de alegria, felicidade, amor e união.

Pingue 21 gotas de essência de rosas.

Conjuro

Consagro este encantamento a Santa Sara Kali e ao Clã das Ciganas do Amor, e que toda a alegria, a harmonia, o amor estejam presentes em meu lar e em todos que moram comigo.

Amém!

Depois de a sua casa estar limpa, vá passando com o rodo um pano com esta mistura em todos os cômodos, mantendo os mesmos pensamentos harmoniosos.

Depois do uso, jogue a água fora e coloque as pétalas em um vaso de flor ou mesmo jogue tudo na terra.

Repita este encantamento toda vez que sentir vontade.

Lachi Bar!

Encantamento para Harmonização de Casais

1 vela de 7 dias vermelha
1 vela de 7 dias azul-clara
2 espelhos redondos
1 foto 3x4 de cada um

Ritual

Colocar uma vela de frente para a outra, deixando um espaço entre elas.

Coloque um foto em cada espelho, com o rosto à mostra.

Depois apoie um espelho em cada vela, de modo que eles fiquem em pé e de frente um para o outro.

Conjuro

Consagro este encantamento às Ciganas do Amor, e que toda a energia, pessoa ou situação que está atrapalhando a nossa harmonia seja afastada para sempre de nossos caminhos.

Amém!

Ao final do encantamento guarde as fotos e lave os espelhos, e poderão usá-los novamente.

Se não tiver foto, pode escrever os nomes nos espelhos com caneta hidrocor vermelha.

Lachi Bar!

Segunda Parte

Oráculo Cigano com Cristais

Oráculo Cigano com Cristais

Parabéns a todos que sentiram a vontade de aprender e estudar sobre mais um oráculo do nosso Povo Cigano.

Um oráculo excepcional, pois além de sabermos detalhadamente o futuro do consulente, este oráculo ainda tem um diferencial impar, que são os cristais.

Dom Fernando, meu mentor, é muito exigente, digo de passagem, como todo Barô Romanô que necessita conduzir seu povo, e me instruiu como jogar este oráculo cigano com cristais e até brincou:

– "Na minha época eu jogava pedras preciosas, mas hoje em dia com os cristais o resultado será o mesmo".

Dom Fernando disse que esse jogo oracular é muito mais que um simples jogo de perguntas e respostas, pois ele tem uma ciência espiritual cigana que conduz o consulente por meio dos cristais de forma sutil e abrangente, interagindo com a energia mental, emocional, física e espiritual do consulente. Também trabalha em todo potencial com a energia dos próprios cristais, pois estes receberão uma consagração na energia cigana.

Posso dizer com experiência que as pessoas que estão acostumadas a ler cartas ou tarôs irão adorar este oráculo cigano, pois além de mostrar o futuro com clareza, sentirão o poder dos cristais atuando em suas vidas, já fazendo todo o trabalho de limpeza, purificação, renovação e muito mais. Mostrando as energias que as pessoas estão ou que irão passar de forma clara e objetiva.

Lembrando a todos os leitores que todo oráculo do nosso povo não é brincadeira e não deve cair em profanação, e sim serem utilizados como um instrumento de auxílio em suas vidas, para obterem um direcionamento e um aconselhamento preciso.

Leiam e aproveitem mais este oráculo cigano, com sabedoria e discernimento.

Quero agradecer ao meu mentor Dom Fernando por ter confiado a mim este conhecimento milenar.

Naistuke Barô!

Marcelo Ruiz

História dos Cristais

Na natureza o cristal aparece de diversas formas, a começar por amostras que encontramos no dia a dia dentro de nossas próprias casas, como, por exemplo, o grão de sal ou de açúcar ou mesmo o floco de neve, que é composto por partículas congeladas de água em estado cristalino.

A maioria dos minerais é formada por cristais e estes podem variar muito, tanto nas suas atribuições quanto na sua utilização, que pode ser energética, espiritual e terapêutica.

Muitos são utilizados para garantir o equilíbrio do corpo, pois e da mente devido ao seu poder de energização. Principalmente os que são utilizados na confecção de joias e usados junto ao corpo, pois trazem muitos benefícios, como proteção, limpeza, energização, abertura de faculdades mediúnicas, curas e diversas finalidades.

Não é de hoje que os cristais fazem parte da vida do homem, uma vez que eles vêm sendo utilizados, com inúmeros propósitos, desde a era antiga. Atualmente, é possível encontrá-los em muitos itens comerciais e inclusive na ciência e na medicina.

Qualaorigemdoscristaisequaladiferençacomgemas? Os cristais são gemas, pertencem à família do quartzo. O nome vem do grego *krystallos*, que significa gelo, pois na Antiguidade acreditava-se que o cristal era um "gelo" eterno. Os gregos acreditavam que essa gema era a luz cósmica congelada vinda do Monte Olimpo, moradia dos deuses, para a Terra.

Cristal de rocha é um produto da natureza, que leva milhões de anos para ser produzido.

E não para por aí. O quartzo possui uma organização em espiral que segue a mesma proporção matemática encontrada na espiral do DNA da célula.

As mais antigas lendas sobre os cristais nos levam a Atlântida. Foram utilizados como instrumentos de telepatia, meio de comunicação com antepassados universais. Seus habitantes usavam a gema como gerador de energia para cidades inteiras. O uso irresponsável e incorreto dessa energia teria sido o causador da destruição daquela civilização.

A tradição conta que os sábios de Atlântida "guardaram" os mais elevados conhecimentos em cristais nas entranhas da terra, sabendo que no momento certo essa informação viria à tona nas mãos das pessoas corretas.

O cristal de rocha é considerado o símbolo místico do espírito. Essa associação está relacionada à transparência desse material.

Na simbologia cristã, o cristal puro que reflete os raios do Sol é um símbolo de Maria, mãe de Jesus.

Uma lenda viking fala das grandes aventuras desse povo que desbravou mares utilizando como ferramenta a "pedra de luz", o cristal. Sua luminosidade colorida apontava a direção a seguir, como uma bússola.

Teorias dizem que, nos primórdios da vida do homem, os cristais regulavam o campo eletromagnético da Terra para que os espíritos humanos pudessem encarnar.

Já foi muito usado como amuleto por diversas culturas. Entre os povos antigos da Mesopotâmia era costume colocar pequenos pedaços de cristal de rocha dentro de cilindros entalhados. Esses objetos, que eram selados, serviam tanto como amuleto quanto como brasão para seu possuidor.

Bastante conhecida é a bola de cristal. Esse elemento místico também foi utilizado e ainda é usado por muitas ciganas e místicos que aprenderam como utilizá-la para ver o futuro.

Estamos no início da Nova Era, a Era de Aquário. Ela propõe uma mudança quanto à forma de pensar e agir. É necessário que cada indivíduo consiga desvencilhar-se de crenças, ideologias e conceitos ultrapassados. Eles bloqueiam o crescimento, a evolução espiritual. Os cristais podem auxiliar nessa mudança de padrões, trazendo a renovação e o desprendimento de situações já ultrapassadas.

O Povo Cigano e Seu Dom Oracular

Não é novidade nenhuma o dom oracular que o povo cigano adquire desde o nascimento.

Para o nosso povo, isto é comum e é muito incentivada a ativação deste dom pelos nossos pais. Pois isto faz parte da nossa cultura, desvendar o futuro por meio de diversos elementos.

Cada cigano ou cigana têm habilidade com um ou mais tipos de elementos e, por meio da vidência, conseguem ver e saber sobre situações do cotidiano ou mesmo alguma situação que está pairando no astral e que ainda não se tem a certeza do que está por vir.

Por meio dos oráculos ciganos tudo é esclarecido. Também os oráculos são muito utilizados para tirar dúvidas sobre questões que estão nos incomodando e, por meio da energia que está envolvendo a situação ou mesmo pessoas, os elementos utilizados catalizam esta energia e, por meio da visão espiritual que os ciganos já trazem consigo desde sua origem, conseguem captar e interpretar a mensagem que vem através de ondas energéticas e interage com o mental. Nesse momento, por meio das faculdades mediúnicas afloradas vem a resposta.

Esta é a verdadeira magia e encanto do nosso povo. Muitas lendas existem em torno deste dom. Algumas dizem que o povo cigano vem das entranhas da terra e com isto, saindo da escuridão para a luz, adquiriram a vidência.

Outras dizem que os ciganos são encantados e vieram de várias estrelas, por isto mesmo conseguem saber o destino das pessoas e o seu próprio, pois existe um ditado que diz: "O destino está escrito nas estrelas", e por aí afora.

Nosso povo consegue ler a sorte em quase todos os tipos de elementos, porque, como já expliquei antes, o que realmente acontece é a abertura das faculdades mediúnicas que são muito afloradas desde a mais tenra idade e, claro, o contato com as forças superiores, pois temos muita fé nos elementos da natureza, nos seres encantados que nela vivem, na força de nossa ancestralidade e muita fé na espiritualidade que nos conduz o tempo todo, deste lado da vida ou mesmo do outro.

Citarei alguns elementos que o nosso povo utiliza para ler a sorte por meio deste dom maravilhoso que possui.

- cartas
- dados
- agulhas
- borra de café e chá
- pétalas de rosa
- moedas
- linhas das palmas das mãos
- bola de cristal
- água
- fogo
- nuvens
- cristais

Este último elemento é o que estudaremos neste livro, para que todos possam saber utilizar o seu potencial energético e espiritual. Pois por meio dos cristais a leitura da sorte é possível, e além de ver o futuro e ajudar a resolver problemas e sanar as dúvidas, também é excelente sua ação terapêutica nas pessoas, que já as auxiliam de imediato.

Lacho Drom!

Cigana Crystal – Clã das Ciganas Encantadas
Solange Ruiz

Os Cristais Utilizados no Oráculo

São no total 22 cristais utilizados neste oráculo cigano:
3 cristais de ágata de fogo
3 cristais de ametista
3 cristais de quartzo rosa
3 cristais de pirita
2 cristais de hematita
2 cristais de olho-de-tigre
2 cristais de crisopázio
2 cristais de sodalita
2 cristais de turmalina negra

As Propriedades dos Cristais

AMETISTA

Ligado ao Clã dos Ciganos da Cura. Cristal transmutador. Ajuda a dormir, pedra da paz, transformação e sabedoria. Eleva o espírito e promove espiritualidade. Ajuda a controlar os vícios e os maus hábitos. Eleva a meditação, a generosidade e a consciência de Deus.

CRISOPÁZIO

Também ligado ao Clã dos Ciganos da Cura. Este cristal tem uma propriedade que auxilia na reposição da nossa energia vital. Aumenta a fertilidade em ambos os sexos. Alivia problemas oculares e depressão. Aumenta a compreensão dos problemas pessoais e a serenidade mental. Fortalece a saúde.

HEMATITA

Ligado ao Clã dos Ciganos Guardiões. Exerce um forte efeito sobre o sangue. Alivia todas as perturbações sanguíneas. Melhora a autoestima. Aumenta o magnetismo pessoal, otimismo, coragem e vontade. Proteção pessoal.

OLHO-DE-TIGRE

Ligada ao Clã dos Ciganos Tuaregues. Atrai pessoas solidárias e bens materiais. Centraliza energias, focaliza a mente e dá sorte. Observação.

PIRITA

Ligada ao Clã dos Ciganos Dourados. Para nós ciganos, este cristal está ligada à prosperidade, pois atrai o dinheiro.

Boa para o sistema circulatório e respiratório por conter ferro; está ligada ao transporte de oxigênio dos pulmões. Ajuda a proteger a pele, o aparelho digestivo, diminuindo a irritação da pele pela ingestão de alimentos. Reduz a ansiedade.

SODALITA

Ligada ao Clã dos Ciganos Andarilhos. Alivia temores subconscientes e culpa. Equilibra conflitos internos entre o consciente e o subconsciente. Dá coragem e persistência. Revigora o sistema linfático. Equilíbrio emocional para crescimento espiritual. Expressão criativa. Equilibra o chacra laríngeo.

TURMALINA NEGRA

Ligada ao Clã dos Ciganos Tuaregues. Desfaz medos e condições negativas. Aumenta a sensibilidade, a inspiração e a compaixão, compreendendo-as melhor. Grande poder de cura, forças elétricas bem fortes. Nivela os relacionamentos. Ampliador de pensamentos. Proteção contra magias negativas ou feitiços.

QUARTZO ROSA

Ligado ao Clã das Ciganas do Amor. Usado para estimular o amor e abrir o chacra cardíaco. Aumenta a confiança e o falso orgulho é eliminado. Ajuda a limpar a raiva guardada, ressentimentos, culpa, medo, ciúme. Transmuta negatividade. Excepcionalmente poderoso. Alivia depressão, facilita a inspiração e aumento da clarividência. Poder de cura muito grande por meio do amor.

ÁGATA DE FOGO

Ligada ao Clã das Ciganas do Amor. Este cristal tem o poder de passar autoconfiança. Tonifica e revigora o corpo. Energia para abrir o seu interior. Influencia todo o sistema endócrino. Estimula as células da memória. Racionaliza e conduz à harmonia.

Elementos Utilizados no Oráculo

Além de ter a função de predizer o futuro, também trabalha na limpeza, no equilíbrio, na harmonização, na desagregação e na energização, tanto do ambiente como no consulente e no cigano ou na cigana que estão interpretando o oráculo.

Além dos próprios elementos do jogo, os cristais, a toalha e a moeda também podem utilizar:

Os incensos, que trazem a energia do ar, limpando, dissipando e expandindo a energia.

A taça com água, que traz o elemento água, que atua no emocional do consulente absorvendo as mágoas e tristezas ou mesmo o rancor e a insegurança, proporcionando o equilíbrio no ambiente e nas pessoas que nele estiverem.

A vela, que traz a energia do elemento fogo contido em sua chama, queimando os miasmas e purificando o ambiente e as pessoas de energias nocivas ou mesmo enfermiças.

E o punhal, que traz a proteção para o cigano ou cigana que estão interpretando o jogo, pois o punhal cigano tem a função de cortar o mal, afastando espíritos obsessores ou qualquer outro tipo de ataque espiritual.

Importante: Sempre deixar uma pedrinha de cânfora dentro do saquinho com os cristais, para eles ficarem sempre purificados, livres de qualquer interferência energética.

Interpretação dos Cristais como Oráculo

• **ÁGATA DE FOGO:** representa força, garra, coragem, longevidade, determinação, *status*, coisas rápidas para acontecer ou acontecendo, documentação, justiça, processo ou, dependendo de outras pedras, representa a Justiça Divina.

• **AMETISTA:** representa a espiritualidade, pessoas espiritualizadas, médium, mentores espirituais, bons espíritos, proteção divina, energia cigana.

• **QUARTZO ROSA:** representa a parte afetiva, o emocional, amor de pessoa para pessoa ou amor incondicional.

• **PIRITA:** representa o ouro, bens materiais, negócios, tudo o que possa gerar dinheiro, lucros, ganhos e clientes.

• **HEMATITA:** como é uma pedra pesada, representará pessoas. Pessoas que vivem ao lado do consulente, na família, no trabalho, parentes, amigos.

• **OLHO-DE-TIGRE:** mostra o que está acontecendo, representa que a pessoa tem de ficar de olho aberto, esperta, atenta, olho que tudo vê. Orai e vigiai. Essa atenção tem de ser tanto no físico como no astral, ficar atenta ao que os sinais estão indicando, ficar de olho nos avisos.

Espião espiritual ou encarnado, dependendo das pedras que cairem próximas.

Tem ligação com o espiritual, às vezes querem fazer uma conexão para ajudar, fique ligada às coisas que vêm do astral.

– **CRISOPÁZIO:** representa saúde, bons pensamentos, bons fluidos, alto astral, boa energia e otimismo.

– **SODALITA:** ligada ao dom da palavra, como a pessoa se expressa, se a pessoa falou muito ou pouco e se falou mal, comunicação, pessoa comunicativa.

– **TURMALINA NEGRA:** pedra que absorve as energias negativas, dá proteção, mas na leitura irá indicar energias negativas, nocivas, densas, carga negativa, projeção negativa, obsessores, bloqueios, obstáculos, olho gordo, magias negativas. Quando a pedra cair fora do círculo da toalha, a pessoa veio para testar o jogo, isso na primeira jogada de sete pedras.

Interpretação dos Cristais no Jogo aos Pares

Neste tópico irei ensinar como interpretar os cristais, quando caírem próximos a outros cristais, que pode ser do mesmo tipo. Exemplo: ágata de fogo próxima a ágata de fogo ou pirita próxima a outra pirita e assim por diante, ou podem ser diferentes exemplos, como pirita próxima de ametista ou crisopázio próximo de hematita e assim por diante.

ÁGATA DE FOGO

Ágata de Fogo/Ágata de Fogo – indica força, *status*, justiça (até divina), papéis, coisas rápidas acontecendo, pessoa agitada com muita energia, inquieta.

Ágata de Fogo/Ametista – indica o consulente com forte concentração espiritual, cobrança espiritual, está fora da sua missão, abandonou o que estava fazendo. Pessoa com um mentor espiritual poderoso. Significa também justiça divina. Energia cigana

Ágata de Fogo/Crisopázio – indica boa saúde, pessoa forte, aparência física forte, robusta. Pessoas com bons, fortes pensamentos, tem força, bons fluidos e muita fé.

Ágata de Fogo/Crisopázio/Olho-de-Tigre/Quartzo Rosa – excelente.

Ágata de Fogo/Hematita – pessoa forte, poderosa, com *status* e que está próxima ao consulente, pessoa ligada a justiça – Lei, oficial de justiça, advogado. Indica uma pessoa chegando rápido na vida do consulente.

Ágata de Fogo/Olho-de-Tigre – indica pessoa muito poderosa na observação, observa tudo e sabe tudo o que foi modificado em sua volta, a pessoa deve ficar de olho na parte burocrática, cuidado ao assinar contrato, papéis.

Ágata de Fogo/Pirita – indica que a pessoa terá um ganho rápido vindo para as suas mãos, acontecimentos rápidos, dinheiro vindo de alguma causa judicial, venda de imóvel. No amor: pessoa poderosa porque já tem *status*.

Ágata de Fogo/Quartzo Rosa – amor forte, *caliente*, paixão, um amor muito grande.

AMETISTA

Ametista/Ágata de Fogo – indica o consulente com forte concentração espiritual, com um mentor espiritual poderoso. Significa também justiça divina. Cobrança espiritual, está fora da sua missão, abandonou o que estava fazendo.

Ametista/Ametista – mais de 40% de espiritualidade, clauridiência, dons espirituais.

Ametista/Crisopázio – significa que a pessoa deverá tratar da saúde pela cura espiritual, feita por meio de tratamentos alternativos à base de encantamentos, rituais espirituais, cirurgias espirituais, reiki, elixires, banho de cachoeira, etc.

Ametista/Hematita – pessoa religiosa ligada à parte espiritual, padre, médium.

Ametista/Olho-de-Tigre – a pessoa deverá ficar atenta aos avisos que vêm do astral.

Ametista/Pirita – dinheiro que virá por meio da ajuda da espiritualidade. A espiritualidade abrirá caminhos para a pessoa conseguir clientes ou bens.

Ametista/Quartzo Rosa – indica mentor espiritual, parte espiritual muito forte.

Ametista/Quartzo Rosa/Ametista – pessoa já é espiritualizada, poderes espirituais fortes, poder de transmutar energias negativas.

Ametista/Sodalita – pessoa com muita ligação com a espiritualidade, canalização. O mentor fala diretamente por intermédio da pessoa = psicofonia.

Ametista/Turmalina Negra – indica inimigo espiritual, obsessor, pode significar que a pessoa está com a parte espiritual bloqueada, está sem conexão porque a parte espiritual está bloqueada.

Ametista/Turmalina Negra/Crisopázio – significa debilidade com a parte espiritual (não tem nada com a parte física).

CRISOPÁZIO

Crisopázio/Ágata de Fogo – indica saúde forte, aparência física forte, robusta. Pessoas com bons, fortes pensamentos, tem força, bons fluidos e muita fé, pessoa agitada, nervosa, estressada.

Crisopázio/Ágata de Fogo/Olho-de-Tigre/Quartzo Rosa – excelente.

Crisopázio/Ametista – indica que a pessoa deve tratar a saúde pela cura espiritual feita por meio de tratamentos a base de encantamentos, rituais espirituais, cirurgias espirituais, reiki, elixires, etc. Pessoa que tem dons da cura.

Crisopázio/Crisopázio – indica pessoa saudável.

Está passando por um bom momento, aproveite.

Crisopázio/Hematita – indica que tem pessoa do bem, alto astral, saudável, perto do consulente.

Crisopázio/Olho-de-Tigre – devemos pedir para a pessoa ficar atenta com a sua saúde, seus pensamentos.

Crisopázio/Pirita – bons negócios, vida financeira está boa, não tem inveja, olho gordo. Pessoa que não tem apego material, não tem problema com dinheiro, não tem sentimento de escassez.

Crisopázio/Quartzo Rosa – indica que a saúde e o emocional da pessoa estão bons, pessoa bem equilibrada, bem emocionalmente, energeticamente.

Crisopázio/Sodalita – indica pessoa conselheira, a pessoa tem sempre algo para falar, para aconselhar a outra pessoa. Pessoa expansiva, positiva, saudável, alto astral, contagiante.

Crisopázio/Turmalina Negra – indica saúde debilitada, precisa cuidar da saúde, ter cuidado com o padrão vibratório, não deve se deixar influenciar pensamentos negativos.

Crisopázio/TurmalinaNegra/Ametista – significa debilidade com a parte espiritual (não tem nada com a parte física).

HEMATITA

Hematita/Ágata de Fogo – pessoa forte, poderosa, decidida, com *status* e que está próxima ao consulente. Indica uma pessoa ou coisas chegando rápido na vida da pessoa.

Hematita/Ametista – pessoa religiosa ligada à parte espiritual, padre, médium.

Hematita/Crisopázio – indica que tem uma pessoa do bem, alegre, alto astral, saudável, perto do consulente.

Hematita/Hematita – indica duas pessoas, casal, amigos, etc.

Hematita/Olho-de-Tigre – indica uma pessoa observadora, ficar de olho com uma pessoa perto da consulente ou pessoa esperta; se a consulente tiver um sócio, ela deverá ficar de olho porque esse sócio é muito esperto.

Hematita/Pirita – representa pessoas próximas do consulente com dinheiro, que irão ajudar, que querem fazer negócios, pessoa rica, terá lucros e ganhos.

Hematita/Pirita/Quartzo Rosa/Turmalina Negra – pessoa fazendo fofoca sobre a vida financeira.

Hematita/Quartzo Rosa – indica pessoa amorosa na vida do consulente, namorado, um amor está vindo para a sua vida.

Hematita/Quartzo Rosa/Ametista – pessoa já é espiritualizada, poderes espirituais fortes, poder de transmutar energias negativas.

Hematita/Sodalita – indica pessoa faladeira, tomar cuidado para não ficar fofoqueira.

Hematita/Turmalina Negra – indica pessoas que estão fazendo algum mal ao consulente, pessoa negativa próxima ao consulente, a pessoa está pensando mal de alguém.

Hematita/Turmalina Negra/Quartzo Rosa – ciúmes, inveja, pessoa vampirizada, falsidade (mostrando que é de uma pessoa próxima ao consulente).

OLHO-DE-TIGRE

Olho-de-Tigre/Ágata de Fogo – indica pessoa muito poderosa na observação, observa tudo e sabe tudo o que foi modificado em sua volta, ficar de olho na parte burocrática, cuidado ao assinar contrato, papéis.

Olho-de-Tigre/Ametista – a pessoa deverá ficar atenta com os avisos que vêm do astral, fique atenta aos sonhos.

Olho-de-Tigre/Crisopázio – devemos pedir para a pessoa ficar atenta com a sua saúde.

Olho-de-Tigre/Crisopázio/Ágata de Fogo/Quartzo Rosa – excelente.

Olho-de-Tigre/Hematita – indica uma pessoa observadora, ficar de olho em alguém perto da consulente, pode ser uma pessoa esperta, um sócio.

Olho-de-Tigre/Olho-de-Tigre – indica pessoa muito poderosa na observação, observa tudo e sabe tudo o que foi modificado em sua volta.

Olho-de-Tigre/Pirita – a pessoa tem de ficar de olho nos gastos, nos negócios, não gastar mais do que ganha.

Olho-de-Tigre/Quartzo Rosa – fique de olho no seu marido ou esposa, cuidado emocional.

Olho-de-Tigre/Sodalita – a pessoa deve ficar atenta com o que fala, para que fala, deve segurar a língua, pensar antes de falar, vigiar as palavras, cautela com as palavras.

Olho-de-Tigre/Turmalina Negra – informar para a pessoa ficar atenta com a carga negativa, com os bloqueios, com pessoas que estão espionando, especulando (ficar de olho porque não é com boa intenção). Observar as pessoas que estão à sua volta. Dificuldade em se expressar.

PIRITA

Pirita/Ágata de Fogo – indica que a pessoa terá um ganho rápido vindo para as suas mãos, acontecimentos rápidos, dinheiro vindo de alguma causa judicial. Pessoa poderosa. No amor: pessoa poderosa porque já tem *status*.

Pirita/Ametista – dinheiro que virá por meio da ajuda da espiritualidade. A espiritualidade abrirá caminhos para a pessoa conseguir clientes ou bens.

Pirita/Ametista/Quartzo Rosa – a parte espiritual vai ajudar a ganhar dinheiro.

Pirita/Crisopázio – bons negócios, vida financeira está boa, não tem inveja, olho gordo. Pessoa que não tem apego, não tem problema com dinheiro.

Pirita/Hematita – representa pessoas próximas do consulente que têm dinheiro, que querem fazer negócios, pessoas ricas. Empresa: pessoa de cargo elevado que irá ajudar.

Pirita/Olho-de-Tigre – a pessoa tem de ficar de olho nos gastos, nos negócios, não gastar mais do que ganha.

Pirita/Pirita – confirma dinheiro, bens.

Pirita/Quartzo Rosa – mostra pessoa que gosta muito de dinheiro. No amor: virá uma pessoa rica.

Pirita/Quartzo Rosa/Turmalina Negra – energias de ciúmes invejando o dinheiro, os bens da pessoa.

Pirita/Quartzo Rosa/Turmalina Negra/Hematita – pessoa fazendo fofoca.

Pirita/Sodalita – indica que para fazer algum negócio a pessoa deve usar da fala, da comunicação, para receber seus lucros, ganhos. Usar do poder da comunicação. A pessoa só fala de bens.

Pirita/Turmalina Negra – indica bloqueio que não irá deixar de acontecer, olho gordo, algum bloqueio na parte financeira por inveja, por inimigo, indica trabalho espiritual.

QUARTZO ROSA

Quartzo Rosa/Ágata de Fogo – amor forte, muito grande, pensando em sexo, amor carnal.

Quartzo Rosa/Ágata de Fogo/Crisopázio/Olho-de-Tigre - excelente.

Quartzo Rosa/Ametista – indica mentor espiritual, espiritualidade forte.

Quartzo Rosa/Crisopázio – indica que a saúde e o emocional da pessoa estão bons, pessoa bem equilibrada.

Quartzo Rosa/Hematita – indica pessoa amorosa na vida do consulente, um amor está vindo para a sua vida. Marido assediado, cobiçado.

Quartzo Rosa/Hematita/Ametista – pessoa já é espiritualizada, poderes espirituais fortes, poder de transmutar energias negativas.

Quartzo Rosa/Hematita/Pirita/Turmalina Negra – pessoa fazendo fofoca.

Quartzo Rosa/Olho-de-Tigre – fique de olho no seu marido ou esposa, cuidado emocional.

Quartzo Rosa/Pirita – mostra pessoa que gosta muito de dinheiro. No amor: virá uma pessoa rica.

Quartzo Rosa/Pirita/Ametista – a parte espiritual vai ajudar a ganhar dinheiro.

Quartzo Rosa/Pirita/Turmalina Negra – energias de ciúmes invejando o dinheiro, os bens da pessoa.

Quartzo Rosa/Quartzo Rosa – muito emotiva, depressão.

Quartzo Rosa/Sodalita – pessoas que gostam de falar muito, pessoas galanteadoras. Dom da cura por meio da palavra. Fala de forma amorosa.

Quartzo Rosa/Turmalina Negra – gera ciúmes, inveja, falsidade (mostrando que é o consulente). O consulente está passando por essa situação. Bloqueio na parte afetiva.

Quartzo Rosa/Turmalina Negra/Hematita – ciúmes, inveja, pessoa vampirizada, falsidade (mostrando que é de uma pessoa próxima ao consulente).

SODALITA

Sodalita/Ágata de Fogo – pessoa que quando fala tem força, poder, tem o poder de convencer, pode envolver com suas palavras, pode ser um orador, advogado, jornalista.

Sodalita/Ametista – pessoa com muita ligação com a espiritualidade. O mentor fala diretamente por intermédio da pessoa = psicofonia.

Sodalita/Crisopázio – indica pessoa expansiva, positiva, saudável, alto astral, a pessoa tem sempre algo para falar, para aconselhar a outra pessoa.

Sodalita/Hematina – indica pessoa faladeira, expressiva, não leva desaforo para casa, tomar cuidado para não ficar fofoqueira.

Sodalita/Olho-de-Tigre – a pessoa deve ficar atenta com o que fala, para quem fala, deve segurar a língua, pensar antes de falar, vigiar as palavras.

Sodalita/Pirita – indica que a pessoa para fazer algum negócio deve usar da fala, da comunicação, para receber seus lucros, ganhos. Usar do poder da comunicação.

Sodalita/Quartzo Rosa – pessoas que gostam de falar muito, tem o dom da palavra, dom de cura com a palavra, fala muito de amor, pessoa conselheira, orientadora, pessoas galanteadoras.

Sodalita/Turmalina Negra – a pessoa está tão amarrada que está sem coragem de falar, está engolindo sapos, o poder da fala está bloqueado (chacra laríngeo bloqueado), a pessoa pode ter problema de rouquidão, garganta, estômago. Podemos orientar a pessoa a dormir, por 7 dias, com uma pedra sodalita na garganta.

Sodalita/ Sodalita– pessoa que fala demais.

TURMALINA NEGRA

Turmalina Negra/Ágata de Fogo – indica inimigo poderoso, tanto pode ser do lado espiritual como do lado encarnado, bloqueios de papéis pela justiça. Carga negativa forte, fracasso.

Turmalina Negra/Ametista – indica inimigo espiritual, obsessor, pode significar que a pessoa está com a parte espiritual bloqueada, está sem conexão porque a parte espiritual está bloqueada.

Turmalina Negra/Crisopázio – indica saúde debilitada, precisa cuidar da saúde, cuidado com pensamentos, sentimentos, ações.

Turmalina Negra/Crisopázio/Ametista – significa debilidade com a parte espiritual (não tem nada com a parte física).

Turmalina Negra/Hematita – indica pessoas que estão fazendo algum mal ao consulente, pessoa negativa próxima ao consulente ou pode ser o próprio consulente.

Turmalina Negra/Olho-de-Tigre – informar para a pessoa ficar atenta com a carga negativa, com os bloqueios, com pessoas que estão espionando, especulando (ficar de olho porque não é com boa intenção). Observar as pessoas que estão a sua volta. Roubo energético, olhos vendados, não consegue ver a realidade.

Turmalina Negra/Pirita – indica bloqueio que não irá deixar de acontecer, olho gordo, algum bloqueio na parte financeira por inveja, por inimigo, indica trabalho espiritual.

Turmalina Negra/Pirita/Quartzo Rosa – energias de ciúmes invejando o dinheiro, os bens da pessoa.

Turmalina Negra/Quartzo Rosa – gera ciúmes, inveja, falsidade (mostrando que é o consulente). O consulente está passando por essa situação. Bloqueio na parte afetiva, alguém traiu.

Turmalina Negra/Quartzo Rosa/Hematita – ciúmes, inveja, pessoa vampirizada, falsidade (mostrando que é de uma pessoa próxima ao consulente).

Turmalina Negra/Quartzo Rosa/Hematita/Pirita – pessoa fazendo fofoca.

Turmalina Negra/Sodalita – a pessoa está tão amarrada que está sem coragem de falar, problema de comunicação, o poder da fala está bloqueado (chacra laríngeo bloqueado), a pessoa pode ter problema de rouquidão, garganta, estômago. Podemos orientar a pessoa a dormir, por 7 dias, com uma pedra sodalita na garganta.

Turmalina Negra/Turmalina Negra – carga pesada, perseguição espiritual, magia.

Visualizando o Campo de Jogo

Consulente

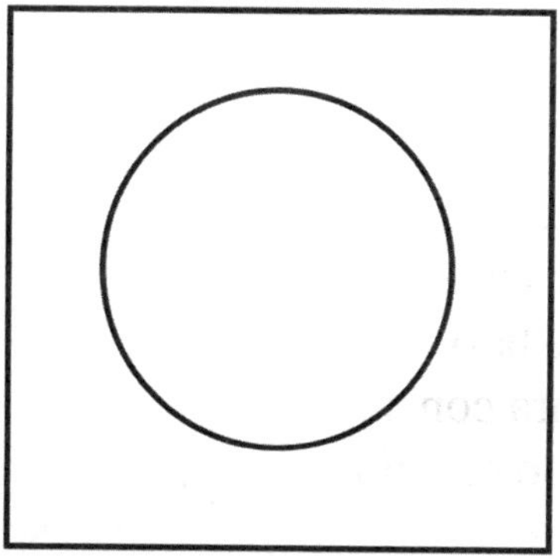

Cigano

Nós ciganos somos muitos supersticiosos e, ao visualizar o campo de jogo, iremos imaginar uma cruz, cruzando o círculo no centro.

Consulente

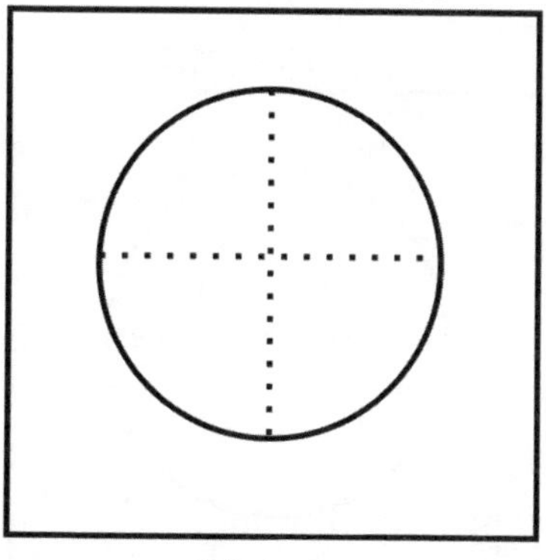

Cigano

Esse método foi passado pelo cigano Dom Fernando, e além de criar quadrantes, os auxiliará a ter mais informações sobre o consulente ou sobre a pergunta em questão, analisando cada campo da vida individualmente. Podemos ainda saber se a pessoa pensa demais, se a pessoa é muito materialista, se é espiritualizada ou se é muito emotiva, dependendo do cristal e em qual quadrante cair.

Pois, analisaremos:

Na parte de cima do círculo – energia mental

Na parte de baixo do círculo – energia emocional ou algo que está para concretizar

Na direita do círculo – energia da matéria (físico)

Na esquerda do círculo – energia espiritual

Na parte de cima do círculo – serão todos os cristais que caírem da metade do círculo para cima de quem está jogando. Representará a energia mental, ou seja, o que a pessoa está vibrando mentalmente, magnetismo.

Os cristais podem mostrar até o que a pessoa está pensando no exato momento do jogo.

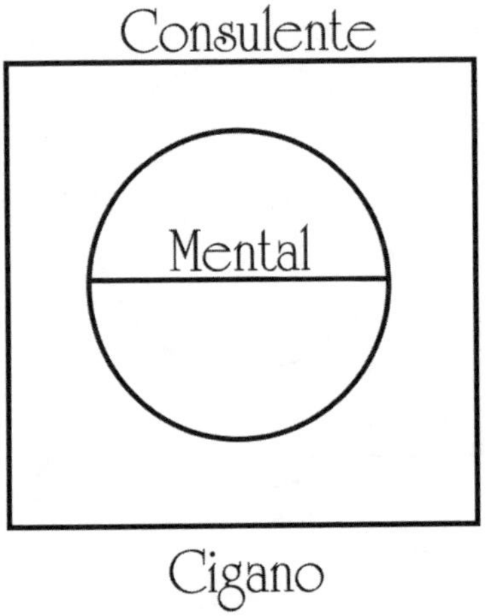

Na parte de baixo do círculo – serão todos os cristais que caírem da metade do círculo para baixo de quem está jogando. Representará a energia emocional ou tudo o que esteja para ser concretizado na matéria (vejam bem: tudo que vai ser concretizado na matéria, mas ainda não foi.

Será a energia do coração, o que o consulente está desejando que aconteça.

Na direita – serão todos os cristais que caírem do centro do círculo para a direita de quem está jogando.

Representará a energia física (material), tudo que já existe. Seja carro, casa, pessoas próximas, dinheiro, etc...

Na esquerda – serão todos os cristais que caírem à esquerda de quem está jogando. Representará a energia espiritual, espíritos, energias negativas ou positivas, obsessores ou mentores, espiritualidade, etc...

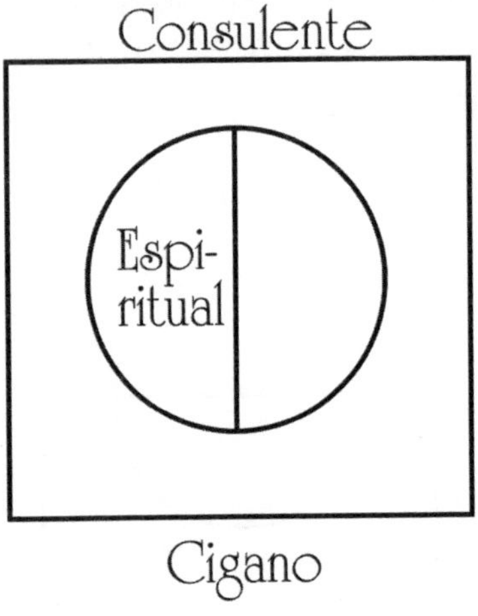

Visualizando os Quadrantes

Como explicado no tópico anterior, separamos o círculo formando uma cruz.

Agora irei ensinar o que representa cada quadrante deste círculo formado por esta cruz.

1º Quadrante – Mental/Físico

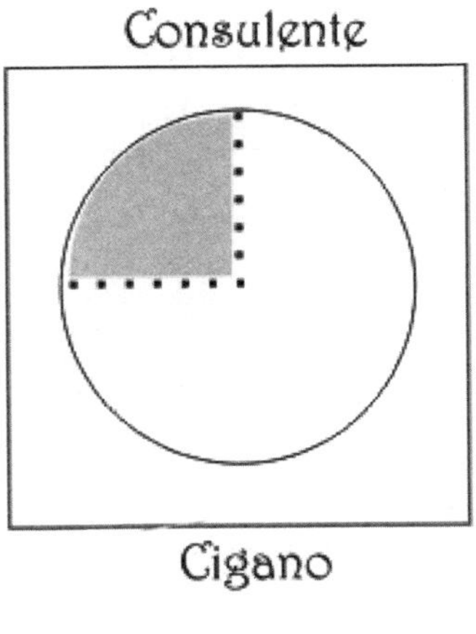

Por meio deste gráfico está marcada a área que representará o quadrante MENTAL, FÍSICO, situado em cima e à direita de quem está jogando.

Neste quadrante os cristais indicarão a energia mental e a energia física do consulente. Portanto, dando informações específicas sobre o que o consulente está pensando ou mesmo se está preocupado com acontecimentos presentes e futuros.

Exemplo:

Caindo a pirita isoladamente no 1º quadrante significará que o consulente está *pensando (energia mental)* sobre a matéria, que pode ser dinheiro, venda ou compra de algo, negócios, etc...

Ou se cair a sodalita nesse quadrante isolada, o consulente está *pensando (energia mental)* em falar algo, comentar algo (físico).

Vejam que eu só analisei um cristal no primeiro quadrante, portanto os demais cristais me fornecerão as outras informações do contexto.

2º Quadrante – Espiritual/Mental

Consulente

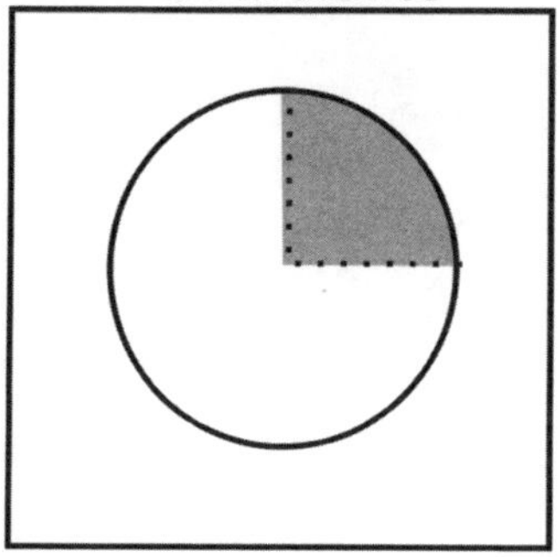

Cigano

Por meio deste gráfico está marcada a área que representará o quadrante ESPIRITUAL, MENTAL, situado em cima e à esquerda de quem está jogando.

A energia deste quadrante é muito sutil, pois analisaremos a energia mental e a energia espiritual.

Neste quadrante os cristais indicarão os pensamentos do consulente que estão ligados à espiritualidade. Orações, meditações, conjuros, pedidos e muito mais. Como também pensamentos negativos e positivos.

Quanto mais pensamentos positivos e fé o consulente emanar, mais rápido se formará uma egrégora positiva para o auxiliar no que necessitar. E o mesmo ocorre com os pensamentos negativos.

Exemplo:

Se cair o cristal de ágata de fogo isoladamente, ele possui muita força mental, pessoa com forte ligação mental com o astral, poder de manipular as energias.

3º Quadrante – Físico/Emocional

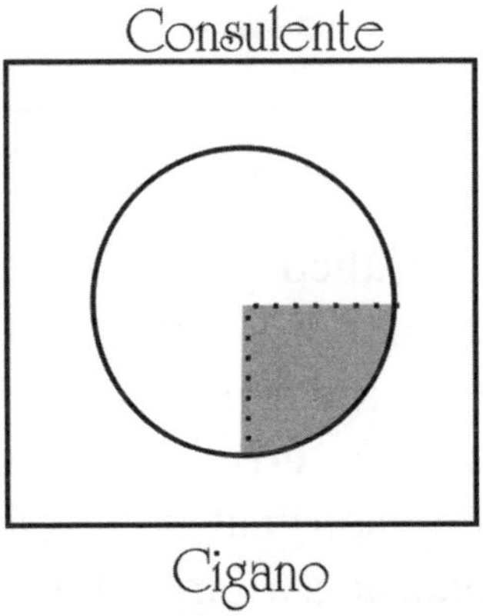

Por meio deste gráfico está marcada a área que representará o quadrante FÍSICO, EMOCIONAL, situado em baixo e à direita de quem está jogando.

Neste quadrante os cristais indicarão a energia do físico, do lado material e a energia emocional do consulente. O que ele está sentindo e também o que está acontecendo em sua vida ou o que está para acontecer.

Exemplo: Caindo neste quadrante o cristal turmalina negra, indicará situações ruins, obstáculos físicos ou mesmo medo de algo físico.

4º Quadrante – Emocional/Espiritual

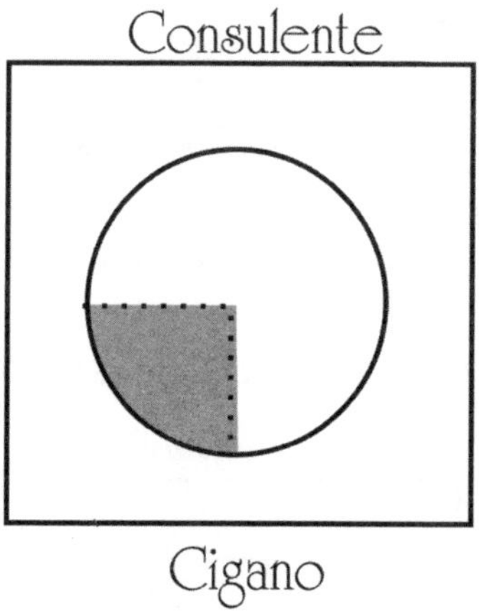

Por meio deste gráfico está marcada a área que representará o quadrante EMOCIONAL, ESPIRITUAL, situado em baixo e à esquerda de quem está jogando.

Neste quadrante os cristais indicarão a energia do emocional, do lado espiritual do consulente. O que ele está sentindo em relação à espiritualidade e também o que a espiritualidade está auxiliando na concretização de um intento na vida do consulente.

Exemplo: Caindo neste quadrante o cristal de pirita isoladamente, significará que a parte espiritual está auxiliando na concretização de algum negócio que irá gerar.

O importante é conhecer os quadrantes e saber a que corresponde cada um, para que a leitura seja o mais completa possível, dando muitas informações ao consulente.

Símbolos Formados com os Cristais no Jogo

Além de já termos diversas informações e inúmeras possibilidades, os cristais neste oráculo ainda podem formar símbolos diversos que também trarão outras informações sobre o consulente ou sobre uma questão específica.

Por exemplo:

Estrela de cinco pontas:

Boa sorte para a pessoa ou que a mesma está com sorte na questão indicada.

Momento propício para ganhar dinheiro.

Estrela de seis pontas:

Sucesso nos negócios e proteção.

Triângulo:

Representará uma mulher.

Quadrado:

Representará um homem.

Cruz:

Proteção espiritual.

Losango:

Problemas com a justiça.

Também podemos observar retas ou semicírculos.

Retas:

Significa viagem.

Semicírculo:

Com no mínimo 5 cristais, significa que a pessoa irá passar por chateações ou aborrecimentos.

Consagrando os Cristais

Tudo o que o nosso povo cigano faz tem de ter o respaldo espiritual, para que sempre sejamos amparados e assim possamos fazer o melhor para as pessoas que nos procuram para pedir um auxílio ou mesmo para o nosso próprio benefício.

Então, antes de utilizar os cristais vamos ensinar como consagrá-los, para que todo o seu potencial seja aflorado e assim eles ajudem em todo o seu potencial.

Elementos para a consagração

Incenso de sua preferência

Essência de jasmim ou de rosa branca

Pétalas de rosas misturadas (vermelha, amarela, branca)

Ritual de Consagração

Encontre um local apropriado para fazer a consagração, um local bem harmonioso.

Abra a toalha. Passe a essência nos cristais e vá distribuindo-os em círculo no centro da toalha.

Acenda o incenso e faça o seguinte conjuro:

Clamo a Santa Sara Kali, a Dom Fernando e as Ciganas da Sorte que, a partir deste momento, consagre estes cristais em sua energia cigana e também me abençoem, para que eu possa ser um canal de luz e amor. E que, amparado (a) por vós, possa auxiliar a todos os que forem direcionados a mim.

Amém!

Espalme a mão direita sobre os cristais e, lentamente, vá fazendo movimentos circulares em cima deles, para que a sua energia interaja com a energia cigana e com a energia dos cristais.

Quando sentir que já é o suficiente, agradeça e jogue as pétalas de rosa por cima dos cristais e da toalha. E aguarde pelo menos 1 hora antes de recolher tudo.

Depois deste ritual, os cristais estarão emanando uma luz muito intensa.

Como Jogar o Oráculo Cigano de Cristais

Como proceder para jogar o oráculo cigano:

Abra a toalha, acenda um incenso de sua preferência.

Sempre se deve usar um perfume nas mãos e também passar nas mãos do consulente.

Os cristais devem estar em um saquinho feito de tecido e o consulente NUNCA TOCA nos cristais.

O consulente deve dar uma moeda de qualquer valor, e esta deve ser colocada no centro da toalha, pois por meio da moeda irá representar o consulente no jogo.

Antes de começar o jogo, o consulente deve segurar o saquinho que contém os cristais para que seja captada sua energia.

O cigano ou cigana que irá jogar colocará a mão dentro do saquinho e, sem olhar, retira 7 cristais, balança-os na mão e joga no centro da toalha.

Simplesmente solta as pedras com delicadeza.

Com estes primeiros 7 cristais já faça a interpretação.

Depois analise em qual parte do círculo caíram os cristais (lembrando: alto – mental, na parte de baixo – emocional, lado direito – físico e lado esquerdo – espiritual).

Depois analise em qual quadrante caiu.

Veja se formou símbolos.

Obs.: Se por acaso cair algum cristal fora do círculo, irá significar que a pessoa necessita daquela energia, relacionada àquele cristal.

Quanto mais perto da moeda caírem os cristais, mais presente aquela situação estará na vida do consulente e quanto mais distante os cristais caírem da moeda, mais difícil ou lento será aquela situação.

Obs.: O Cigano Dom Fernando nos orientou que o diâmetro do círculo equivale a aproximadamente seis meses para a realização da situação.

Se o cristal cair em cima da moeda, pode se realizar em até 21 dias.

Depois de todas estas informações, retira-se mais sete cristais do saquinho e faça a interpretação, depois os outros sete. Restando apenas um cristal no saquinho.

Esse último cristal representará um conselho para o consulente.

Muitas vezes o consulente faz uma pergunta e com a primeira jogada de sete cristais já se obtém a resposta, não sendo necessário jogar as demais vezes.

Cada vez que for responder a uma nova pergunta, deve-se recolher os cristais e sacudir o saquinho para que os cristais se misturem.

Aprimorando a Vidência e a Intuição

Como já comentamos anteriormente, nós ciganos já nascemos com este dom e ao longo de nossa vida isto vai sendo incentivado pelos nossos pais e cada vez mais afloram a vidência e a intuição.

Irei ensinar alguns exercícios e elementos que vão facilitar a abertura da vidência e intuição, que irá auxiliá-los muito na interpretação do oráculo cigano com cristais, como nos demais oráculos do nosso povo.

Elementos necessários:

Um cristal de olho-de-tigre ou olho-de-falcão

Essência de jasmim ou o perfume Mirage, by Cigana Isabelita

1 fita de cetim dourada e larga

Ritual

Lave o cristal em água corrente e seque.

Passe a essência de jasmim ou o perfume Mirage na terceira visão (no centro da testa).

Deite-se e coloque o cristal no mesmo local e faça o seguinte conjuro:

Ciganas da Sorte, que sabem o destino de todos, me auxiliem neste momento.

Abram a minha terceira visão e me concedam o dom da vidência e da intuição.

Que seja aflorado este dom em mim, tornando-me um instrumento de Sara Kali.

Amém!

E todas as noites passar a essência ou o perfume e amarrar a fita dourada na testa e dormir com ela.

Lachi Bar!

Solange Magrin Ruiz

Terceira Parte

Chás, Banhos e Elixires do Clã Cigano da Cura

Banhos Ciganos

Os banhos têm a função de limpar, não só o corpo físico como o corpo espiritual, mental, emocional e limpando também os campos energéticos que por ventura possam estar envoltos de energias nocivas, negativas e até enfermiças, causando muito desconforto nas pessoas, com sensações de cansaço, esgotamento físico e mental. Deixando por vezes a pessoa apática, sem nenhum ânimo para a vida; outras ficam estressadas e tornam-se agressivas e impacientes e outras sentem sintomas de doenças mesmo, com por exemplo: dores de cabeça, dores de estômago, vômitos, palpitações, diarreias, entre outros.

O mais interessante é que, quando essas pessoas vão ao médico fazer exames laboratoriais, nada é constatado. Por quê?

Porque os sintomas estão no corpo espiritual e estão refletindo fortemente no corpo físico.

Esses banhos associados às ervas, flores e sementes têm também a energia vegetal que se desprende potencializando o poder energético do banho e, com os conjuros certos, tornam-se eficazes contra males que atingem os seres de diversas maneiras.

Façam uso destes ensinamentos para se purificarem de energias que estão no nosso dia a dia e que muitas vezes só nos damos conta delas quando já estamos muito desgastados.

Obs.: – AS RECEITAS DE TUDO O QUE AQUI FOR ENSINADO SÃO PARA AUXILIAR E ***NUNCA*** SUBSTITUIR AS CONSULTAS AO MÉDICO E OS REMÉDIOS ALOPATAS RECEITADOS PELO MESMO.

Costumamos tomar banhos específicos para cada caso, pois existem diversos tipos de banhos com as mais diversas funções.

Após tomar os banhos com os devidos conjuros e imantações, sentimos uma sensação muito agradável, deixando-nos mais leves, bem dispostos, harmoniosos e com uma camada protetora, reluzente ou repelente em nosso campo áurico.

Obs.: Os elementos usados nos banhos devem ***sempre*** ser colocados em um vaso com flores ou então levados a alguma praça, junto às árvores ou flores do local. Todos os banhos devem ser tomados após o seu banho de higiene.

Bartai, Sastimôs! Sorte e Saúde!

Sarita
(Shuvani do Clã de Cura)

Banho para Aumentar a Autoestima e Valorização

Manjericão
Alecrim
Levante
Açúcar

Modo de fazer:

As ervas devem ser frescas. Ferva todas elas em 2 litros de água, menos o açúcar.

Após a água estar bem verdinha, apague o fogo.

Quando o banho estiver morno, coloque um pouco de açúcar.

Ritual

Depois de tomar o seu banho de higiene, coloque o banho cigano em uma bacia e eleve-o acima de sua cabeça e faça o seguinte conjuro:

Santa Sara Kali e Clã das Ciganas do Amor, derramem neste banho as essências purificadoras e regeneradoras para que eu possa ficar bem e que minha autoestima e valorização sejam restabelecidas a partir deste momento.

Amém!

Jogue o banho da cabeça aos pés.

Sastimôs!

Banho para Tirar Tristeza e Dar Direcionamento

Folhas de pitanga
Canela em pau
Açúcar

Modo de fazer:

Ferva as folhas de pitanga com a canela em pau em 2 litros de água.

Depois de pronto, apague o fogo e deixe amornar e acrescente o açúcar.

Ritual

Eleve o banho acima de sua cabeça e faça o seguinte conjuro:

Peço a Santa Sara e ao Clã dos Ciganos Andarilhos que tirem toda a tristeza de meu ser e sempre me direcionem para os caminhos que eu devo seguir.

Amém.

Jogue o banho da cabeça aos pés.

Sastimôs!

Banho para Tirar Mágoas e Rancores Guardados no Coração

Pétalas de rosas brancas (1 ou 3 rosas)

Alfazema (erva ou perfume)

Modo de fazer:

Ferva 2 litros de água com a alfazema (se for a erva), depois jogue as pétalas de rosas, apague o fogo e abafe.

Caso seja perfume de alfazema, só coloque algumas gotas, após o banho amornar.

Fazer este banho 3 dias seguidos.

Ritual

Eleve o banho acima de sua cabeça e faça o seguinte conjuro:

Santa Sara Kali, derrame vossa energia neste banho para que todas as mágoas, ressentimentos, rancores e frustrações sejam retirados do meu coração. E que sejam todos levados embora por meio deste banho consagrado a vós, deixando o meu emocional livre destes sentimentos tão conturbados.

Amém.

Sastimôs!

Banho para Livrar-se de Espíritos Obsessores

Pinhão roxo (erva)

Modo de fazer:

Ferva o pinhão roxo em 2 litros de água.

Deixe amornar.

Ritual

Eleve o banho acima de sua cabeça e faça o seguinte conjuro:

Pela força dos Ciganos Guardiões, peço que imantem este banho com a sua energia de defesa e proteção, tirando de mim qualquer espírito obsessor e encaminhando-o para seu lugar de merecimento.

Amém.

Jogar o banho do pescoço para baixo.

Sastimôs!

Banho para Acalmar Crianças e Tirar a Ansiedade de Adultos

Camomila
Erva-doce
Açúcar

Modo de fazer:

Ferva as ervas em 2 litros de água. Espere amornar e coloque um pouco de açúcar.

Ritual

Para as crianças, coloque o banho na banheira e faça o sinal da cruz no alto da cabeça da criança, com as mãos úmidas do banho, depois no cardíaco e depois no umbigo, fazendo o seguinte conjuro:

Pela força do Clã dos Ciganos e Ciganas Encantadas, levem embora toda a ansiedade, agitação e quebranto, trazendo a calma, a alegria e a tranquilidade.

Amém.

Dê o banho normalmente na criança e, se for adulto, depois de fazer o sinal da cruz, jogar da cabeça aos pés.

Sastimôs!

Banho para Tirar Dores nas Pernas

Arnica (erva seca ou fresca)

Modo de fazer:

Ferva a erva em 2 litros de água, depois coloque em uma bacia; a água não pode amornar muito para não perder seu efeito.

Ritual

Coloque os pés dentro dessa água e faça o seguinte conjuro:

Clamo ao Clã dos Ciganos da Cura que tirem todas as dores de minhas pernas, melhorando a minha circulação, tirando o inchaço, restabelecendo minha saúde.

Amém.

Jogue repetidas vezes esta água do joelho para baixo, podendo estar sentado.

Caso a dor for na perna toda, então permaneça em pé por alguns momentos, jogando a água desde a coxa.

Sastimôs!

Banho de Assento para Desconforto Íntimo

(Só para mulheres)

Pétalas de rosas vermelhas (1 ou 3 rosas)

Modo de fazer:

Em uma bacia, coloque água morna e mergulhe as pétalas (não é para ferver).

Cubra com uma toalha limpa e deixe em repouso por 30 minutos.

Ritual

Faça o seguinte conjuro:

Clamo ao Clã dos Ciganos da Cura para que derramem suas essências curadoras, regeneradoras e cicatrizantes neste banho para acabar com este desconforto.

Amém.

Faça o banho de assento 3 vezes ao dia até que o desconforto acabe.

Sastimôs!

Chás Ciganos

Na "medicina cigana", existem muitos chás que combatem diversos tipos de males que atingem o organismo dos seres. Situações que nossas avós, mães e as Shuvanis resolviam com a sua sabedoria milenar, que sempre é passada de mãe para a filha por muitas gerações.

São elementos simples de serem encontrados e em qualquer casa de ervas vocês terão acesso a essas maravilhosas ervas, folhas e flores para auxiliá-los diariamente.

Vale lembrar que a água tem função importante no preparo dos chás, pois a água é o elemento condensador de energia e que, neste caso, absorve as energias das ervas e as condensa, tornando-se assim o condutor responsável de levar estas substâncias para dentro do organismo quando ingeridos. Como já dizia um ditado muito antigo: "Caldo quente e repouso não faz mal a ninguém".

Chá para Dores do Abdômen

Anis-estrelado
Camomila
Erva-doce

Modo de fazer:

Ferva todas as ervas juntas em 1 litro de água, ***não adoce***.

Ritual

Consagro este chá ao Clã dos Ciganos da Cura, para que derramem suas essências curadoras para meu pronto restabelecimento.

Amém.

Coe e tome várias vezes ao dia, até sentir-se melhor.

Sastimôs!

Chá para Acalmar

Capim-cidreira
Açúcar

Modo de fazer:
Ferva o capim-cidreira em 1 litro de água, adoce a gosto.

Ritual

Consagro este chá ao Clã das Ciganas do Amor e que todo nervosismo seja tirado de minha alma.

Amém.

Tomar várias vezes ao dia.

Sastimôs!

Chá para Cólicas Menstruais

3 folhas de louro

Modo de fazer:

Ferva bastante o louro em 1 litro de água, se possível não adoce.

Ritual

Consagro ao Clã dos Ciganos da Cura para que derramem suas essências regeneradoras para o alívio das dores.

Amém.

Tome várias vezes e faça um pouco de repouso.

Sastimôs!

Chá para Cortar a Gripe e a Febre

1 dente de alho

½ limão com casca

2 colheres de (sopa) açúcar

Modo de fazer:

Coloque o açúcar em uma panela e derreta até ficar caramelizado, amasse o alho e misture ao açúcar com uma colher de pau.

Acrescente uma xícara de água, vá mexendo até a calda de caramelo derreter, esprema o limão, coloque-o dentro do chá e deixe ferver um pouco.

Desligue o fogo, coe e tome ainda quente.

Ritual

Consagro ao Clãs dos Ciganos da Cura para que derramem suas essências curadoras e que toda a energia enfermiça vá embora.

Amém.

De preferência, tome à noite e vá repousar para não tomar friagem.

Sastimôs!

Chá para Cortar a Gripe (II)

Casca de 1 limão
2 colheres (chá) de açúcar

Modo de fazer:

Ferva 2 xícaras de água, acrescente a casca do limão (só a parte verde, não deixe a parte branca ficar junto, senão o chá ficará amargo).

Deixe ferver bem até reduzir a 1 xícara de água.

Apague o fogo e adoce.

Ritual

Consagro este chá ao Clã dos Ciganos da Cura para que minha saúde seja restabelecida.

Amém.

Tome ainda quente e repouse.

Sastimôs!

Chá para Dor de Garganta

7 pedaços pequenos de gengibre
1 canela em pau
2 colheres (sopa) de açúcar

Modo de fazer:

Coloque o açúcar em uma panela e derreta até ficar caramelizado, coloque o gengibre e a canela e mexa com uma colher de pau.

Acrescente uma xícara de água e vá mexendo até dissolver o caramelo, coe e tome ainda quente.

Ritual

Consagro este chá ao Clã dos Ciganos da Cura, para que todas as dores se dissipem de vez.

Amém.

Sastimôs!

Xarope para a Tosse

1 maço de poejo
1 xícara de (chá) de açúcar
1 vidro grande com tampa

Modo de fazer:

Lave bem o maço de poejo e escorra. Depois coloque dentro do vidro, acrescente 1 xícara de açúcar e tampe.

Coloque o vidro em uma panela com água e cozinhe em banho-maria.

Deixe ferver até que o açúcar derreta e engrosse, virando um xarope.

Ritual

Consagro ao Clã dos Ciganos da Cura para cessar a tosse.

Amém.

Tomar 1 colher (de chá) várias vezes ao dia.

Sastimôs!

Chá para Auxiliar nos Problemas de Tireoide

Pétalas de 1 rosa branca

1 litro de água

Modo de fazer:

Ferva a água, jogue as pétalas de rosa e abafe. Desligue o fogo.

Não adoce.

Tomar 1 vez ao dia

Ritual

Consagro ao Clã dos Ciganos da Cura para que derramem suas essências curativas e regeneradoras para auxiliar neste problema.

Amém.

Sastimôs!

As Fitas Ciganas e Seu Poder Curativo

As fitas ciganas são usadas para absorver, cortar, imantar, drenar, cauterizar, harmonizar e muito mais.

Seu poder de realização é muito amplo, por isso este ensinamento sempre foi guardado a sete chaves.

De acordo com as cores, estas fitas emanam uma vibração diferente que vai ao encontro do que se faz necessário para solucionar, amenizar e até mesmo sanar algum problema de ordem energética.

Se associadas ainda com perfumes, essências, óleos e principalmente com o azeite consagrado, produz um efeito milagroso que só quem já o usou e sentiu seus efeitos pode confirmar.

Agora alguns destes encantamentos serão passados para que mais pessoas possam se beneficiar com esta prática tão simples, mas muito divina.

Sarita (Shuvani do Clã dos Ciganos da Cura)

Bartai, Sastimôs! Sorte e Saúde!

Para Dores Abdominais e Baixo Ventre

Azeite
Fita verde (2 dedos de largura)
Faça à noite

Ritual

Passe o Azeite na região abdominal.

Conjuro

Consagro esta fita verde ao Clã dos Ciganos da Cura para tirar toda a energia enfermiça que vibra dentro de mim.

Amém.

Amarre a fita em torno do abdômen. Repita por 7 noites.

Pela manhã tire a fita e agradeça ao Clã dos Ciganos da Cura e deixe-a no Sol, para que se purifique.

Sastimôs!

Para Proteção Durante o Sono

Essência de anis
Fita azul royal. (2 dedos de largura)

Ritual

Pingue 7 gotas de essência de anis no centro da fita.

Conjuro

Consagro esta fita ao Clã dos Ciganos Guardiões e peço que cortem toda a interferência negativa que existe no meu mental, dando-me a proteção durante o sono.

Amém.

Amarre a fita na cabeça na altura da testa. Repita por 7 noites.

Pela manhã tire a fita, agradeça e deixe-a no Sol, para que se purifique.

Sastimôs!

Para Cortar Pensamentos Depressivos e Destrutivos

Essência de violeta
Fita violeta (2 dedos de largura)

Ritual

Pingue 9 gotas de essência de violeta na fita.

Conjuro

Consagro esta fita ao Clã dos Ciganos Guardiões para que corte todos os maus pensamentos e transmute-os, positivando-os. Livrando-me assim dessas perseguições e tormentos mentais.
Amém.

Amarre a fita na cabeça e repita por 9 noites.
Pela manhã agradeça e deixa-a no Sol para purificá-la.
Sastimôs!

Para Tirar Insônia

Fita branca (2 dedos de largura)

Conjuro

Consagro esta fita ao Clã dos Ciganos da Cura, para que toda agitação, ansiedade e insônia sejam tiradas de mim, trazendo-me a paz e a tranquilidade de que eu necessito.

Amém.

Ritual

Amarre a fita nos olhos e repita por 7 noites.

Pela manhã, agradeça e deixa-a no Sol para purificá-la.

Sastimôs!

Para Tirar Tristezas

Essência de flor de laranjeira
Fita laranja (2 dedos de largura)

Ritual

Pingue 7 gotas de essência na fita laranja.

Consagro ao Clã dos Ciganos e Ciganas Encantadas para restabelecer a minha alegria e meu entusiasmo, para que eu sinta a beleza da vida.

Amém.

Amarre a fita na cabeça na altura da testa e repita por 7 noites.

Pela manhã, agradeça e deixa-a no Sol para purificá-la.

Sastimôs!

Para Tirar o Desânimo

Essência de verbena
Fita vermelha (2 dedos de largura)

Ritual

Pingue 7 gotas de essência de verbena no meio da fita.

Consagro esta fita ao Clã das Ciganas do Amor para que todo o desânimo seja cortado e desperte a minha vontade de viver plenamente a vida com muita felicidade.

Amém.

Amarre a fita na cabeça, na altura da testa, e repita por 7 noites.

Pela manhã, agradeça e deixa-a no Sol para purificá-la.

Sastimôs!

Elixires

O elixir é um preparado à base de ervas, flores, raízes, sementes ou cristais.

Sempre com água de fonte, mineral ou filtrada. Após alguns rituais ciganos e deixado descansando por alguns dias em um local fresco e longe da claridade, o elixir já estava pronto para ser tomado.

Aqui iremos apenas ensinar alguns elixires feitos com cristais. Estes, por sua vez, têm uma capacidade de emitir uma frequência energética que imanta a água, a propriedade que o cristal tem em si fica toda impregnada na água pura e, ao tomá-la, o indivíduo ingere essa energia cristalina que beneficia todo o seu organismo.

É válido lembrar que nem todos os cristais são aptos para preparar elixires, pois alguns contêm substâncias tóxicas que prejudicam o metabolismo humano. Deve-se conhecer as propriedades dos cristais antes de fazer algum elixir que não está contido aqui neste livro.

Cigana Isabelita

Para Proporcionar Paz Interior e o Perdão

1 litro de água filtrada ou mineral
1 cristal de quartzo rosa (cristal rolado)

Ritual

Depois do cristal lavado, coloque-o dentro do recipiente onde está a água filtrada ou mineral.

Conjuro

Consagro este elixir ao Clã das Ciganas do Amor e peço que derramem suas essências de amor universal e que eu possa me libertar de toda mágoa, rancor e culpas, perdoando a mim e a quem me magoou.

Amém!

Beba 1 xícara de café (pequena) pela manhã e outra à noite antes de dormir.

Sastimôs!

Para Proporcionar Ânimo e Força de Vontade

1 litro de água filtrada ou mineral
1 cristal de ágata de fogo (cristal rolado)

Ritual

Depois do cristal lavado, coloque-o dentro do recipiente onde está a água filtrada ou mineral.

Conjuro

Consagro este elixir ao Clã das Ciganas do Amor e peço que derramem suas essências de autoestima, força de vontade, estímulo e perseverança. Que eu possa me libertar de toda apatia, desânimo e depressão que querem me dominar.

Amém!

Beba 1 xícara de café (pequena) pela manhã e outra à noite antes de dormir.

Sastimôs!

Para Proporcionar Energia Sexual (Homens e Mulheres)

1 litro de água filtrada ou mineral
1 pedra granada (pedra rolada)

Ritual

Depois da pedra lavada, coloque-a dentro do recipiente onde está a água filtrada ou mineral.

Conjuro

Consagro este elixir ao Clã das Ciganas do Amor e peço que derramem suas essências para que eu tenha mais vitalidade, desejo e virilidade.

Amém!

Beba 1 xícara de café (pequena) pela manhã e outra à noite antes de dormir.

Orações Ciganas

O povo cigano é muito religioso, usando sempre como de costume o poder da oração diariamente em vossas vidas e acreditando fervorosamente nesse poder aumentando a sua força, fé e conexão com o plano divino.

As orações ciganas são feitas por meio da alma, ou seja, o que vem do interior de seus corações. Nós rezamos com fervor e com muito respeito, dirigindo-nos a Dhiel, a Kristesko e a Santa Sara Kali para pedir vossa ajuda em nossas vidas.

É diferente fazer uma oração apenas lendo-a só por ler; temos que fazê-la com um profundo sentimento de fé que vem do coração, da nossa alma.

Não há um dia específico para fazê-las, pois todos os dias são os melhores dias para se conversar com Deus. Tudo o que nós ciganos fazemos é com amor, senão não fazemos.

As orações realizadas juntamente com o seu pedido a Deus ficam registradas no astral e, no tempo certo, se concretizarão em suas vidas.

Existem orações que foram passadas oralmente de pai para filho, de mãe para filha, que foram deixadas por seus ancestrais mais longínquos, e essas são específicas para cada caso. De acordo com a necessidade, fazem rituais com as fases da lua para potencializar este poder, que por si só já traz mudanças e transformações em situações que estão difíceis de serem resolvidas. Muitas vezes, são feitas orações para agradecer pela viagem em segurança, pela fartura em suas mesas, pela proteção ou mesmo para agradecer por suas vidas, o bem mais precioso que Dhiel nos concedeu.

Lembrando que a oração, qualquer que seja, deve ser feita com amor, fé e respeito. Com concentração para conectar-se com o divino e assim serem um só.

Dom Fernando.

Ao fazerem suas orações, é preciso que estejam concentrados, em um ambiente tranquilo, para que a conexão seja mais fácil com as esferas luminosas.

Uma ótima sugestão é acender um incenso de qualquer aroma, pois tanto os ciganos como os povos antigos do Oriente acreditam que o aroma agrada as divindades e a fumaça que vai em direção aos céus levam suas orações, aumentando assim a oportunidade de seus pedidos serem atendidos.

Que Sara Kali os cubra com seu manto de luz e amor!

Marcelo e Solange Ruiz

Oração Cigana para Sanar Dor de Cabeça

1 copo com água
1 ramo de alecrim

Ritual

Coloque o ramo de alecrim na água.

Segure o copo com a mão esquerda, coloque a mão direita sobre ele e faça o seguinte conjuro:

Oração

Santa Sara, tu que és minha Santa de coração, a ti que eu recorro neste momento de aflição.

Com seu lenço que usas desde que foi salva por Kristesko, cubra minha cabeça com ele, limpando todo esse mal, tirando toda a minha dor.

Santa Sara, que seu lenço permaneça em minha cabeça por sete dias seguidos, limpando-me e purificando-me.

Prometo que rogarei à senhora esta oração por sete dias seguidos.

Amém!

Colocar o dedão direito na água e fazer o sinal da cruz no chacra coronal, na testa, nas frontes, nas laterais e na nuca. Molhando na água consagrada todas as vezes que for fazer o sinal da cruz. Deixe o ramo de alecrim por alguns instantes no local onde a dor é mais intensa.

Depois de terminado, jogue a água na pia e coloque o ramo de alecrim na terra.

Sastimôs!

Oração Cigana para Sanar Dor de Dente

1 espelho pequeno redondo
1 envelope para carta

Ritual

Coloque o espelho perto do dente que está doendo e, com toda a sua força, mentalize a dor passando para dentro do espelho. E faça o seguinte conjuro:

Conjuro

Que Deus tenha piedade de mim, nesse momento de tanta dor e angústia.

Pai, peço-lhe sua mão para que em vosso filho possa segurar, levando para longe todo este sofrimento e dor.

Amém!

Coloque o espelho em um envelope e envie-o; colocando-o em uma praça.

Sastimôs!

Oração Cigana para Cortar a Inveja

Meu Deus, minha Santa Sara, eu vosso (a) filho (a) estou pedindo vossa ajuda para que corte toda a inveja que está sendo direcionada a mim.

Que esta pessoa seja envolta por seu manto de amor, curando o seu coração de sentimentos tão mesquinhos e negativos.

Que tu, minha mãe amada, interceda por mim. Com o seu poder e com a força dos Clãs Ciganos de Luz do Astral, remova de minha vida todo este infortúnio e a inveja que a mim é direcionada, por motivos que desconheço. Então, que este sentimento seja todo transformado em ondas de energias divinas e de amor.

E que esse amor volte a esta infeliz pessoa, tornando-a mais alegre e feliz, ajudando-a nos seus sentimentos desajustados e que ela tenha algo de bom para se preocupar e não mais me inveje.

Que o seu poder harmonize nossas ligações e pensamentos, em uma sintonia de paz e luz.

Minha mãe, eu agradeço desde já por sua ajuda.

Sempre me auxilie para que eu não cometa estes mesmos deslizes, e que, se um dia eu invejar alguém, então que a Senhora me cure! Ajudando-me a ser uma pessoa mais feliz.

Amém!

Oração para Harmonizar Seu Lar

Santa Sara, vós que és cigana, entenda este meu sofrimento e me ajude a harmonizar meu lar.

Vós que caminhaste pela terra sabes como muitas vezes é difícil vivenciar as provações.

Ajude-me a controlar minhas emoções e a retirar de meu lar todo e qualquer infortúnio, maldade ou inveja que possa estar atrapalhando a minha vida.

Mãe Sara, gentilmente lhe peço que envolva minha casa e todos os moradores na luz de seu amor, deixando todos em perfeita sintonia e união.

Assim sendo, tenho a certeza de que a harmonia voltará para meu lar e a alegria irá resplandecer em minha vida novamente.

Amém!